ちくま文庫

わんちゃ利兵衛の旅

テキヤ行商の世界

神崎宣武

筑摩書房

目次

わんちゃ利兵衛の旅　テキヤ行商の世界

前口上

老テキヤとの出合い

昭和五二年（一九七七）の初夏のことである。

ところは、岐阜県多治見市――。

町家が立てこんだ路地の一角、しもた屋の一室であった。和室ではあるが、畳の上に絨毯《じゅうたん》が敷かれ応接椅子が置かれている。

そこは隠居屋で、主《あるじ》は八五歳の翁。同じ屋敷内に廊下続きの別棟があり、そこには翁の息子一家が住んでいる。時おり、電話や客の応対声が聞こえてくるのは、その表が店舗にでもなっているからであろうか。

私は、しばらく翁の語りに耳を傾けていた。時計の針が間もなく四時を指そうとしているから、もう四半日もそうしていることになる。

翁の話は、自身の半生をつぶさに物語るものであった。

頭髪は、すでに疎にして白い。それを、短く刈りこんでいる。血色がよく、鼻頭や頬に細い血管が浮いている。眼、鼻、唇ともに、はっきりしたつくりである。ふつうは眼を細くしばたかせているが、時おりふくよかな瞼を押しあげて眼をむくことがある。そんなときは、声も大きくなる。歳に似合わぬ鋭さが顔にも言葉にも表われる。口調は流暢《りゅうちょう》で、めりはりがきいている。つまり、話術が巧みである。ややもすると、舞台上の話芸者を見ているような錯覚に陥る。

どうやら、翁自身も、お喋りに陶酔しているようである。問わず語りの一人舞台である。その話の内容の特異さと相まって、私は、一時《ひととき》として飽きることを知らなかった。

障子戸を通す陽ざしもまだ西に高く、帰路を急《せ》くには間《ま》があるように思えた。しかし、四時の時報を境にして、翁は、なぜかせわしげなそぶりを表わすようになった。

（テレビかな……）

私がはじめにそう思ったのは、テレビで四時前後に放映される人気時代劇や大相撲中継を何よりの楽しみと心待ちにしている老人が多いからである。熱の高じた老人は、その時間がくると、何を尋ねても上《うわ》の空といった状態になる。

そうしたときには、長居は無用である。私は、翁に退去の意を告げた。

翁は、わずかに安堵の表情を見せたものの、次にやや意外な言葉を告げた。

「すまんのう、追い出してしまうようで。わしも、あんたについつい気を許して昔話をしてしもうたが、こんな話は、うっかり口に出すもんじゃあない……。

いや、わしは、自分の歩いてきたことじゃから平気じゃし、あんたがよう聞いてくれたのは嬉しくもあるがの。じゃが、わしの家族は、わしの話から耳をそむける。息子もそうじゃが、特に嫁と孫が嫌う。わしが、ちょっとでも昔の商売の話をすると、恐ろしげな眼をして睨む。昔の話は一切したらいかん、と言う。

どうも、テキヤを、ヤクザと同じように思うとるんじゃな。

そろそろ孫が高校から帰ってくるころじゃから、もうこんな話は止めにしよう。孫に聞かれたら、また辛く当たられるからの……」

そこには、妻に先だたれて、次代の家人に気がねしながら余生を送る老人の気弱さだけが漂っていた。

むろん、そうした家族関係と生活心情は、十分でないまでもそれとなく理解できるものであった。

しかし、

「テキヤは、ヤクザとは違うぞ！」

と、私に向かってはっきりと言い放っていた先ほどまでの翁の威勢のよさとは、あまりにも裏腹な態度であった。

私は、妙に寂しい気持で、帰路につくこととなった。


翁は、かつて、大黒屋の利兵衛と名乗っていた。

大黒屋というのは、テキヤ渡世での一家名である。正確には、本家熊屋駄知分家大黒屋――。

テキヤに関しては、おいおい説明してゆくことになるが、端的にいえば、香具師《やし》といわれる類の露店商人のことであり、その組合組織である。露店商人の大半は、零細な規模の旅まわり商人である。旅に出れば、土地の人との折衝もあり、同業者との軋《あつ》轢《れき》もある。その調整のために、まず、露店商人同士の統制が必要となった。そうしたところで、各地方ごとにテキヤ組織が生まれたのである。

そうした意味では、博徒《ばくと》からなるヤクザ系の組織とは本質的に異なっている。無職《ぶしょく》渡世ではなく、有職渡世なのである。

利兵衛は、二一歳から八〇歳になるまでの六〇年間、テキヤ大黒屋に属して全国津々浦々の高市《たかまち》（祭りや縁日の仮設市）を巡り歩き、露店《みせ》を張って商いを行ってきた。平均して年間約三分の二は旅に出ており、露店を張らずに通過したところは佐賀、長崎、熊本の三県だけだった、という。

利兵衛が持つ商品は、セトモノ（陶磁器）に限られていた。瀬戸や美濃で焼かれる磁器の食器類である。六〇年間、セトモノ以外の商品は扱わなかった。ヤリネタ（一つの商品）で通すということは、時勢時流にあわせて機をみるに敏なテキヤとしては稀なことでもあった。

ということは、利兵衛が生きた時代は、総じてセトモノの商品価値が高く、セトモノが全国的に広まる時代であった、ともいえる。

利兵衛のようにセトモノを商品とするテキヤを、茶碗屋ともいった。それを、テキヤ社会ではワンチャという。そして、テキヤ大黒屋の一家は、茶碗屋を主流に構成されており、茶碗屋では日本の中心的な存在であった。

従って、利兵衛の人生は茶碗屋としての生涯であり、それは、とりもなおさず日本のセトモノの歴史の一コマを物語るものでもあった。

その利兵衛は、いまは亡い。

私が訪ねてから二年後の夏に病死した。私を招き入れてくれたあのしもた屋の一室で、翁があれほどにまで気遣って接した家人に見とられての他界であった。

しかし、利兵衛の一生そのものでもあった露店行商の関係者、つまり、テキヤ社会の縁者の会葬はほとんどなかった、という。それは、何よりも仁義、特に一家の親分（組長）や元老の葬儀にはしかるべき礼儀を重んじるテキヤ社会からみると、異例とも思える質素なものであった。

そのことも、利兵衛の晩年の生活ぶりを如実に物語っている。翁は、テキヤを引退してからは、つとめて過去の縁を疎にしてきた形跡がある。利兵衛は、カタギ（非テキヤ）となって、その無名の生涯を閉じた。

それにつけても、利兵衛は、何を想いながらその人生を終えたのであろうか――いまとなっては、それを知るすべがない。が、私には、その臨終にあたって、利兵衛の脳裏を、かつての露店行商の旅の光景が走り巡っていたに相違ない、と思える。

晩年、テキヤ社会と隔絶した日々を送ったのは、家人の意を汲んでのことで、利兵衛の本心からではない。利兵衛は、その性根においては、生涯を通しての茶碗屋であり、テキヤであった。

前ぶれもなく別な目的で訪ねた私に、互いに意図せぬなりゆきとはいえ、あれほどまでに熱をこめて語ったテキヤ渡世のさまざまは、そこに深い愛着をもつ本音を表わすもの以外の何ものでもなかった。

いや、利兵衛にとって、テキヤ渡世は誇るべき人生であったのだ——私は、いま、そう確信する。

そして、いま、私は、利兵衛の足跡をたどり、その心情を代弁したいという思いに駆られている。

あらためて考えてみると、利兵衛は稀代の旅人であった。

テキヤというのは、利兵衛に限らず、旅が生活や人生の基盤にある。が、近年のテキヤは、自動車に商品を積み、あるいは調理用具や寝具までを積み、女房連れで行く場合が多い。それは、旅とはいえ一様に便利で安全で、ほぼ家庭生活の延長上にある。

一方、一時代前の利兵衛たちの旅は、家庭生活とは切り離された別種の生活形態であった。女房や子供から長く離れて、汽車を乗り継いで高市を渡り歩き、場合によっては商品を担って戸別に訪問販売もした。言い方をかえれば、苦労も多かったが、時間や女房にせかされることのない暢気《のんき》で個性的な旅を送ることができた。

旅とは、本来そういうものであろう。

そこでは、さまざまな発見や工夫があったに違いない。まず、利兵衛らは、ささやかな商品を頼りに、その商品価値を高めるべく弁説、話術を磨いている。そのためには、何よりも商品に通じ、土地の風俗習慣を読みとらねばならなかった。また、客の心理を分析して、巧みに操りもした。

それは、したたかな旅商いの術であった。

結果、利兵衛は、ある側面で日本という風土を知り、日本人の習性を知った。むろん、それを論理的に整理して述べることはできないが、民俗学者や心理学者にも通じる鋭い鑑識眼をもって世間を語ることができた。

それゆえに、利兵衛は、旅の玄人《プロ》であり、優れた世間師《せけんし》であった、といえる。

しかし、無名である。無名のまま、誉められもせず、さしたる財もなさず、その人生を終えた――。

私は、二十代から三十代にかけて、やきものの技術系統と流通経路を探るために、ほぼ日本中を旅した。強いていえば、民俗学という範疇での調査行であった。利兵衛を訪ねたのも、美濃焼の貧乏徳利《びんぼうどっくり》（ガラス瓶が普及する以前の酒屋の小売容器で、貸徳利とか通《かよい》徳利ともいう）の販路を確かめるのが目的であった。利兵衛はテキヤになる以前の一時期、美濃焼の貧乏徳利の行商に歩いており、行商体験のある生存者では最年長者と、高田（多治見市）の窯場で聞いたからである。

ところが、利兵衛の話は、貧乏徳利の行商にとどまらなかった。

そして、私も、利兵衛の人生にとって貧乏徳利の行商経験がさほどの位置を占めていないことを知ったとき、私の立場からの質問は一切諦めることにした。利兵衛の気の向くように半生を回顧して語ってもらうのが最上、と思ったのである。

その結果、私の興味も、しばしやきものを離れ、旅商いの術やらテキヤ社会の仕組みなどに向いていったのである。

以来、私は、自然と高市に足を運ぶ回数が増えている。そこで、何人ものテキヤ衆と知り合いもした。

だが、高市では、私は、いつも利兵衛の幻影に出くわす。利兵衛の語り声が聞こえるような気がする。

いま、私は、利兵衛の心情を代弁したいという思いに駆られている、と言った。それは事実そうなのであるが、同時に、私は、あらためて利兵衛に問いかけてみたい――。

なぜ、茶碗屋として旅を続けたのか、と。また、なぜ、人生の大半を旅にゆだねることができたのか、と。

二十歳の旅立ち

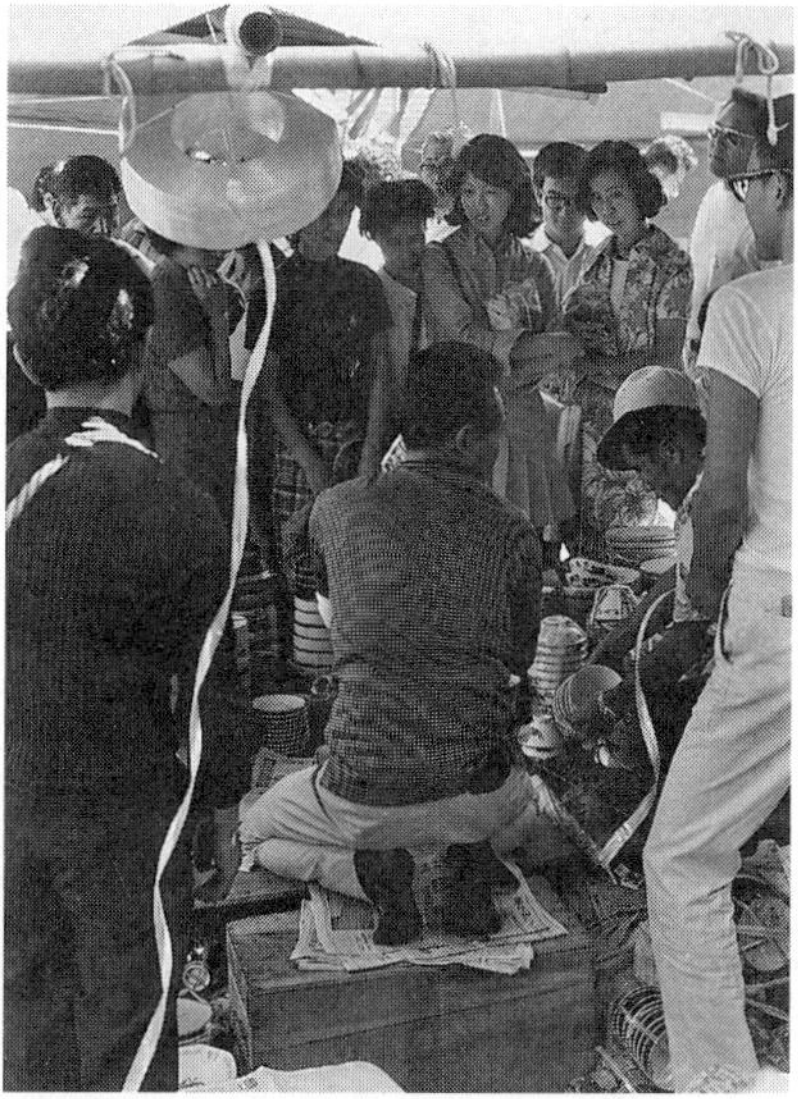

旅のはじまり

利兵衛、二十歳《はたち》の春であった。

利兵衛は、茶碗屋になる決意をした。

茶碗屋というのは、セトモノの行商人のことである。茶碗だけを売るというのではなく、セトモノの象徴として茶碗という言葉を使っているにすぎない。

茶碗屋は、露店商であった。つまり、戸別に訪問販売するのとは違って、おもに祭りや縁日の場に露店を張って商うのである。

「何で茶碗屋になったか、だって?……。

そりゃあ、その時分《じぶん》はいまとは違うて、茶碗屋はええ商売じゃったがの。まず、セト（セトモノ）がええネタ（商品）じゃった。それこそ、飛ぶように売れた時代じゃったのう。

セトといやあ、もちろん、石物《いしもん》（磁器）のことじゃがの。

その白きこと玉の如く
その明るきこと鏡の如く
その薄きこと紙の如く
その音は磬《けい》の如し

と、いうてな、知らっしゃるかいの。知らっしゃるまいの。昔の茶碗屋は学があって、こうしたタンカ（口上）がスラスラーと打てたんじゃがの。というても、何でも、唐《から》の詩にそういうのがあるそうな……。

しかし、本当にそうだぞ。いまの人間は、セトは白うて硬いのがあたりまえじゃ、と思うとるが、そう簡単につくれるもんじゃあなあがの。出はじめのころは、そりゃあひどいもんじゃった。

わしの子供時分は、まともなセトというのは、ほんに少なかった。

わしは、下石《おろし》（岐阜県土岐市）の奥の村の生まれじゃが、下石のような窯場に近いところでさえ、家が貧乏じゃったからまともな食器は手に入らなんだ。形が歪んで不揃いなものや染め絵がずれたような半端物《はんぱもん》を、タダ同様の値段で買いあさって日常に使うていたもんじゃ。

それはかりじゃあない。これは、かすかな記憶じゃが、白木地《しらきじ》の椀も使うとった。漆《うるし》も何にも塗らん、ただの木地椀じゃがの。こりゃあ、ええ代物《しろもん》で、使うとすぐに汚れがついて表面がささくれだってくる。湿りっ気も抜けない。そんなガサガサ、ジメジメした感触だけは、いまでも忘れられんのう。

じゃから、わし自身、真白いツルツルした硬い石物の食器には、子供時分からずっと憧れをもっておった。

その白きこと玉の如し、とはよういうたもんじゃ。そうじゃろうがの。土物《つちもん》（陶器）にも志野焼や萩焼のように白いのがあるが、ありゃあ釉薬《くすり》で表だけ装ってあるわけで……。それだけに、厚ぼったあがの。じゃが、石物は素地《きじ》そのもんが白い。透き通るぐらいに白い。そこで、薄きこと紙の如し、となるんじゃわのう。

そういやあ、あんたもわからっしゃるじゃろう。たとえばじゃ、厚化粧を塗りたくった地黒の女《おなご》と肌が透き通るような色白の女と、どっちが人気があるかの？　なかにゃあ厚化粧の女性がええという者《もん》もおるじゃろうが、そりゃあ臍曲《へそまが》りというもんで、ほとんどは色白女に目を向けるじゃろうがの。毎日つき合うとしたら、なおのことそうじゃがの。たとえが悪いかもしれんが、それと同じことじゃよ。わしらにとっては、ツルツルとした真っ白なセトというのは、宝物《たからもん》同然の品じゃったのう」

利兵衛の二十歳といえば、明治四五年（一九一二）のことである。

ここでいうセト、つまり磁器であるが、その歴史は、もちろんそれよりははるかに遠い時代まで遡らねばならない。

元和二年（一六一六）、肥前有田《ありた》（佐賀県）の天狗谷で磁器原料の陶石が発見されたのが、わが国の磁器製造のはじめとされている。本格的に皿山の活動が始まったのは、さらにそれから一世代か二世代を経てからであろうか。皿山というのは、肥前においては窯場のことで、ここでは、皿をもって磁器の象徴としている。

磁器製造は、佐賀藩の基幹産業となり、有田皿山には代官所が置かれ、特に技術の流出が厳重に取締られた。それを物語る資料は数多くあるが、わかりやすい記録ということから次に古川古松軒（一七二六―一八〇七）の『西遊雑記』を引用する。

「有田山に至りしに陶師おびただしき事にて、山の麓に番所有りて旅人の一見を禁ず。土人の物語を聞しに、此焼物の製他国に伝へん事をおそれて、此地の陶師は他国に行事《いくこと》ならず、若《も》し所に住しがたき事出来して人知らぬように出奔《しゆつぽん》などすれば、草を分けても吟味して罪せらる事と言」

この記述にみるように、磁器の商品価値は非常に高いものであった。以来、有田皿山で焼かれた磁器の食器類は、佐賀藩の財政を潤すべく他藩に売られていった。おもに伊万里《いまり》港から船に積まれて各地に運ばれたため、一般には伊万里焼と呼ばれてもてはやされたものである。

伊万里港には磁器の買付けのために、江戸や堺の商人たちが集まってくる。と同時に、代官所の管理下で技術の流出に厳重な眼が向けられていたにもかかわらず、その技術はさまざまな方法で盗み出され、やがて、瀬戸（愛知県）、清水《きよみず》（京都府）、会津本郷（福島県）など各地に磁器を焼く窯場を生んだ。現在でいうならば、薬品や電子工学の分野での産業スパイ事件に類する過激な技術防衛と盗難、流出がくり返されたのである。

白く艶やかな素地に青の染付、行商の商品は茶碗が主体であった

皿も大半は磁器である

そこで、優れた機能をもつ磁器は、日本全国の家庭の日常食器として普及すべきであった。が、それほど急速な普及をみなかった。それは、技術的にも、たとえば今日に連なる薄手で硬質、純白な素地をつくるまでになお時間を要するものであったせいもあるが、大量運送の手段が船しかなかったことが大きく影響している。

江戸期を通じて、日本全体でみると、磁器は依然高価な器であった。

それが、急速な広まりをみせるのは、明治以後の鉄道の開通によってである。

明治五年(一八七二)、新橋・横浜間に蒸気機関車が走った事実はよく知られているが、全国的な鉄道網の発達は、それからなお二、三〇年を経てのことであった。ちなみに、東海道線の東京・神戸間の全線開通は明治二二年(一八八九)、山手循環線の開通が大正一四年(一九二五)であった。本稿に関係が深い中央線でみると、新宿・八王子間の開通が明治二二年(一八八九)、八王子以西名古屋(西名古屋)に至る全線開通が四四年(一九一一)である。

つまり、利兵衛の青年時代は、各地に鉄道が開通する時代でもあった。

鉄道交通の発達によって、特に美濃の山間支谷に分散する窯場は活況を呈するようになった。それまで、おもに船運が利用できる海べりや平場《ひらば》の窯場で産する陶磁器が先行する傾向にあったのが、山間の窯場の製品も同一市場で競合できるようになったからである。

そうした窯場の興隆も、利兵衛は目のあたりにした。

「ああ、鉄道便でセト（磁器）が運べるということは、画期的なことじゃった。わしらの子供時分も、下石、妻木《つまぎ》、駄知《だち》（土岐市）とこの山の中に点々と窯場があったが、そりゃあ小規模なもんじゃった。何せ、細い山坂道がくねくねと続いとるだけじゃから、セトを焼いても、そがいによけい運べやせんがの。

あのあたり（利兵衛の出生地の下石付近）の村や町には、商売人はおらなんだ。多治見まで行かにゃあ、仲買もおらん。多治見も、名古屋あたりに比べりゃあ不便ないなか町じゃああるが、それでも土岐から奥とは違うて開けておった。鉄道も、多治見までは早う通じたわのう。

わしが生まれたんは、下石の奥の村で、親父は百姓じゃった。百姓じゃったが、農閑期には駄賃稼ぎをしていた。

駄賃稼ぎというのはじゃの、山の中の窯場の製品を多治見の仲買まで運んで行くことで、多治見の仲買に雇われる場合もあれば、窯元に雇われることもある。いずれにしても、一駄いくらで運賃をもらう。一駄は、天秤棒で担《にな》う荷のことで、たとえば一合燗《かん》（燗徳利）なら二四〇本、二〇本を底あわせに縛った一二束のことじゃった。

親父のような駄賃稼ぎもよけいおったが、それでも、天秤棒で担うんじゃあ、その量は知れとるがの。セトがそう簡単に出まわらんのも、山の中の窯場がなかなか大きくはならなんだのも、そういうことからわかるじゃろう。

わしだって、子供の時分は、親父を手伝うて駄賃稼ぎをした。そういうことで、セトに関係しておりながらも、自分らは半端な食器しか買えなかった。何度も言うように、一級品のセトは高嶺の花じゃったのう。

それが、日露戦争のころ、鉄道が通じ、新道が通じた。わしが、一〇歳のころかなあ。

そうしたら、窯場の景気が、わっと良うなったでのう」

東濃《とうのう》（東美濃）の山間には、高田、小名田《おなた》、市之倉（多治見市）、土岐津、下石、妻木、駄知（土岐市）、瑞浪《みずなみ》、陶《すえ》（瑞浪市）、久々利《くくり》、大萱《おおがや》（可児《かに》郡）、笠原（土岐郡）な

ど、セトモノづくりを主業とする町や村が点在する。そして、その扇の要のような位置に、集荷地としての多治見の町がある。

東濃地方では、古くは平安時代から陶器が焼かれていた形跡がある。その窯場がどの程度の規模であったかは明らかでないが、以来江戸時代までは東濃地方の自給的な産業にすぎなかった、と想定するのが妥当であろう。それが、幕末から明治時代にかけて磁器を焼く窯が増え、明治中期に至って磁器製造が各窯場の主流に定着する。現在は、各町村とも磁器製造一辺倒の窯場を形成しており、それらを総じての美濃焼の生産量は全国一となっている。

美濃焼の特性は、その品質の良し悪しはともかく、原料が豊富に使えるところにある。磁器の原料は、陶器原料の粘土と違って、陶石《とうせき》と呼ばれる石英粒をよく含んだ岩石である。その陶石を粉砕して、その粉粒を練りあわせて坏土《はいど》（陶器における粘土に相当するもの）とする。その原料の違いから、磁器は、陶器に比べると一般的に硬くて強く焼き上る。そして、薄手に成形することができて、軽い。おまけに、素地が白くて滑らかである。だから、食器などの分野で、他の追従を許さぬほどに商品価値を高めたのである。

ところが、その陶石がどこにでもあるものではない。粘土は日本中いたるところにあるが、陶石の分布は限られている。しかも、層が浅い。磁器製造の先進地であった有田や瀬戸が原料の確保に窮しているのに比して、東濃の窯場ではその心配がほとんどない。無尽蔵とはいえないまでも、その埋蔵量を疑うようなことはなかった。

窯焚きに必要な燃料（薪）も周囲の山々に豊富にある。

そのあたりに、明治以降の美濃焼の発展の原因があった。

大黒屋一家

利兵衛は、頭の聡《さと》い若者であった。

「ともかく、美濃の山の中では、真っ白いセト（磁器）が金を生む唯一つのネタ（商品）じゃ。わしは、子供心にそう思うたがの。

はじめは職人になるつもりで、下石《おろし》の窯元に奉公した。じゃが、少しして、気が変わった。職人もええが、所詮《しょせん》親方に使われる身じゃ。その親方も、多治見の仲買の言いなりになっとる。これじゃあ職人として一人前になったとしてもたかが知れとる、

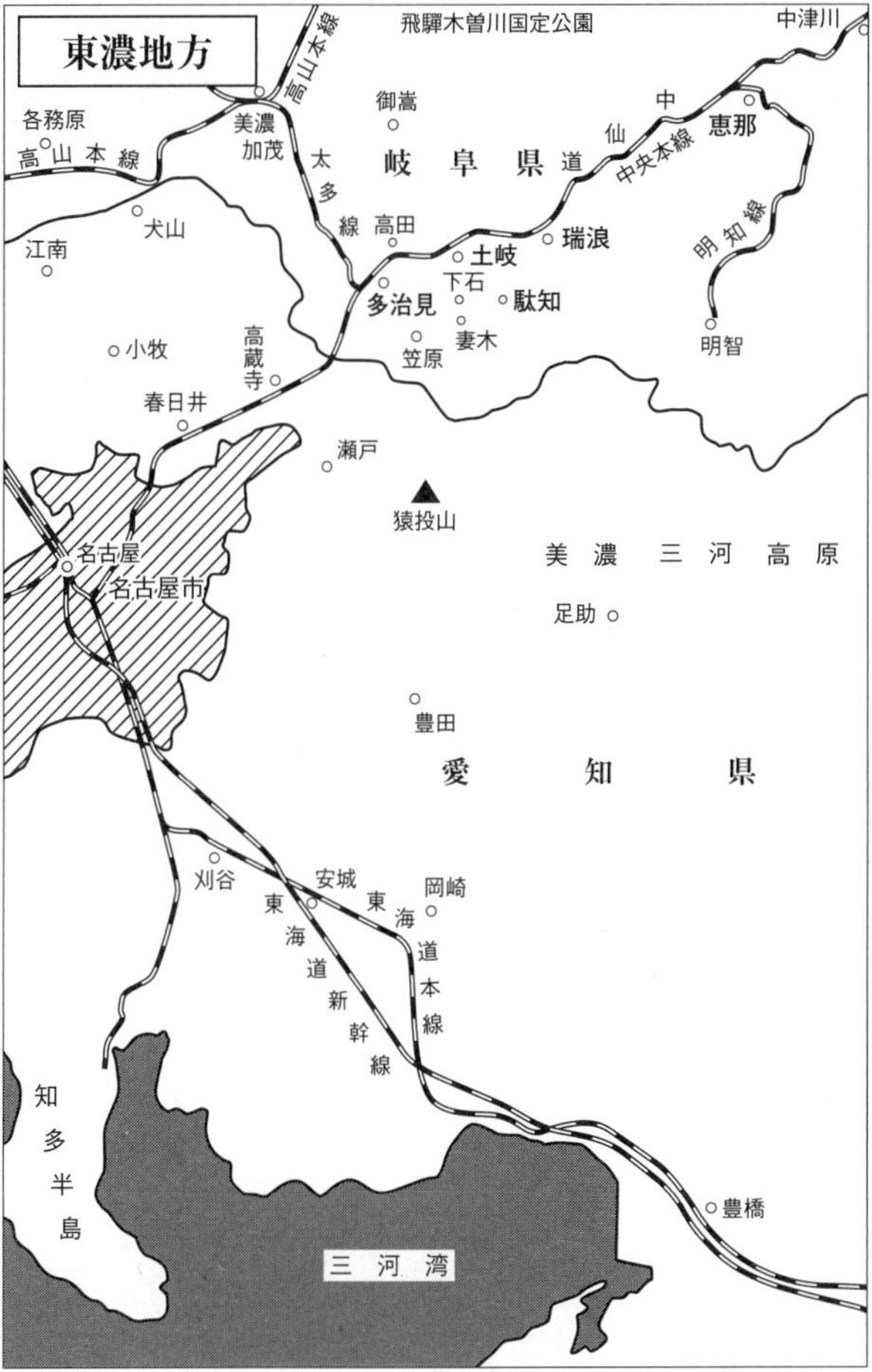

東濃地方
飛騨木曽川国定公園
中津川
高山本線
各務原
高山本線
美濃加茂
御嵩
岐阜県
中仙道
中央本線
恵那
太多線
高田
瑞浪
土岐
明知線
犬山
江南
下石
多治見
駄知
妻木
笠原
明智
小牧
高蔵寺
春日井
瀬戸
猿投山
名古屋
名古屋市
美濃三河高原
足助
豊田
愛知県
刈谷
安城
岡崎
東海道新幹線
東海道本線
知多半島
豊橋
三河湾

そう思うたがの。

それで、わしもセトを動かす商売人になりたいと思うたんじゃが、いかんせん資本《もとで》がない。そうなると、方法は一つ、行商しかなあがの。

窯場には、焼け損じたペケがよけいある。そう、ペケは、仲買なんかは扱わん品で、まあはっきり言えば傷物《きずもん》、不良品のことじゃ。美濃じゃあ、だいたい品物《しなもん》を四段階に分けて取引きをする。トビ、ダイ、ゴク、ペケの四つ。トビは一級品、ダイは二級品で値段は七掛、ゴクは三級品で半掛《はんがけ》が相場で、仲買が買うのはここまで。ふつうは、トビとダイじゃのう。ペケは、安い。ただではないが、ただ同然に安い。資本が無うて商売気がある者は、これに眼をつける。見せ玉に、わずかにゴクを入れてのう。それを、ペケ屋と言うた。つまり、ワンチャ（茶碗屋）じゃがの。

ああ、そうじゃよ。茶碗屋ともいうが、わしらは、ふつうワンチャというわのう。

ペケでも売れるさ。窯場が多い美濃でこそペケじゃが、割れたり穴が開《あ》あたりしているわけじゃあない。ちょっと形が歪《いびつ》だったり、線（絵付け）が一本欠けておったり、使うのには何も不自由はなあがの。いまでこそ上等品が各家に揃うとるが、昔はロクな食器がなかったし、経済も悪かったから、ちょっと安けりゃあ売れたもんじゃよ。

一通りセトが揃うた家庭でも、次には一〇枚二〇枚とまとめて揃える段階に入《はあ》るから、買い手にはこと欠かんわのう。

ペケをネタにする者は、たまに戸別に売り歩くのもおるが、だいたいは露店《みせ》売りじゃ。何しろ行商というのは、元価《もとね》をかけず手間《てま》をかけずに売らんことには儲けが出んがの。手間というのは運賃と宿代のことで、一般の旅行のようにこいつに金をかけたらなりたたん。まして、ネタが割れもんのセトとくりゃあ、高市《たかまち》をうまくつないで歩《あり》いて、露店を張ってまとめてバイ（商売）する方法が道理というもんじゃろうがの……。

ネタを仕入れるのは、窯場になじんだ者には簡単にできる。それを運ぶのも、鉄道小荷物で行く先々の駅止めにするわけじゃから、むずかしいことじゃあない。じゃが、高市を歩くということは、そう簡単なことじゃあなあがの。だいいち、素人《しろうと》には、どこにいつ高市が立つか、その規模がどんなもんか、わかりゃあせんわのう。近まわりの高市についてはわかっても、そこにはもうワンチャが何人も出とるし、そんなところはあんまし商売にはなりそうもないしのう。

それに、高市にポッと行ったからといっても、露店がすぐ張れるわけじゃあない。

ほとんどの高市には、それを仕切る者がいて、その筋で手続きをした者しか露店が張れんことになっておる。

露店を張るには、いま風にいえば、その筋の組合員にならにゃあいかん。露店商組合、街商組合、つまり、テキヤの組織じゃがの。各地にテキヤの組織があって、土地土地の親分が土地土地の高市を仕切っておる。蛇《じゃ》の道は蛇《へび》と言うじゃろう、テキヤの一員になれば、ちゃんと高市が渡り歩けるんじゃわのう。

わしは、駄知《だち》の大黒屋一家に入った。昔風にいえば、大黒屋の身内《みうち》となったわけじゃのう。

大黒屋は、もともと博徒《ばくと》の組織で、初代の大黒屋宗吉は清水次郎長と同時期の親分じゃった。次郎長も、大黒屋に草鞋《わらじ》をぬいだことがある、という話も伝わっておるぞ。二代目は加藤善三、三代目は村瀬甚吉、四代目は国行《くにゆき》勇。わしは、四代目の国行勇に仕えたわけじゃのう。

三代目までは、大黒屋は一枚看板で、博徒の筋が残っており、セトなんかは扱うておらなんだ。美濃までは鉄道が通じておらんで、セトがネタにならん時代じゃったもんの。四代目からセトをネタにして、テキヤの大黒屋となった。わしが入った時分は、大黒屋にはもう博奕《ばくち》打ちはほとんどおらなんだ。ワンチャが主流になっていたから、わしも門を叩いたわけじゃがの。

そういう意味では、テキヤとしての大黒屋はせいぜい六〇年の歴史しかない。四代目国行勇のあとが五代目田口金太郎、いまが六代目長瀬忠雄じゃから、大黒屋は博徒三代、テキヤ三代となるかいのう。

わしは、大黒屋四代目からヅキサカ（盃）をもらった」

この場合の盃は、この世界でいうところの親子盃である。盃には、その他、神農《しんのう》盃、義兄弟盃、親族盃、仲直り盃などがある。

神農盃とは、一家の親分の襲名盃のことで、これは盛大な披露と厳粛な作法とが伴っている。昭和四〇年代の邦画でヤクザ映画が流行したことは記憶に新しいが、そうした映画でしばしば演じられた盃事である。ご存じの方もあるであろう。この盃事の所作に関しては、テキヤ、博徒とも大差はないのである。

盃事については、あらためてあとで述べることになるが、テキヤへの入門（親子盃）から親分襲名（神農盃）まで、テキヤ社会での通過儀礼の証しということになる。

ということは、階級を示すことでもあり、この社会では、盃事を数多く経験した者が尊ばれる傾向にある。

テキヤ大黒屋の盃をもらうことで、利兵衛は、全国の高市で露店を張る資格を得たのである。

「大黒屋の若い衆になったからといって、鑑札《かんさつ》や身分証明書がもらえるわけじゃあないがの。そういう目に見える形はないが、家名を名乗ることができる。この世界では、それが大きな特権じゃ。そうじゃ、言葉の手形といえるわのう。

わしらがビタ（旅）に出てバイ（商売）をするときには、まずその高市を仕切っとる一家へメンツウ（面通し）をする必要がある。特に、アラメン（新顔）に必要なんで、つまりが顔つなぎじゃがの。その際に、アイツキ（挨拶）が要る。メンツを切ることじゃのう。そうすると、家名をもたんと相手にされんじゃろうがの。

アイツキか？　そりゃあ、いろいろ通りがあるがね、まあ簡単なのを教えておこう。ふつうは、授業料を出しても教えてはやらんがの。ええか！

〝私、生国《しょうごく》を申しますれば、美濃は土岐市下石町にございます。今日《こんにち》、勝手をもちまして旅中《たびちゅう》でございます。仮の住居は、多治見市池田町でございます。不思議の縁もちまして、親分は大黒屋四代目国行勇でございます。若輩の儀もちまして姓名の儀は高うございますが、堀江利兵衛と申す粗忽《そこつ》者でございます。以後、お見知りおかれまして、末久しく御昵懇《ごじっこん》、お引立のほどお願いいいたします〟

どうじゃな、ヤクザ映画に出てくるのとは、ちょっと違わんかの。ああ、あんまり息まずに声を出す。若いころはつい力んで名乗るが、わしらは役者じゃあないからのう、ふつうに言えばええ。ただ、途中でつまったり、間違ったりしたらいかんわのう」

家名が通行手形とすれば、挨拶は、ある種の戸籍上申ということができる。出生の土地を名乗り、親を名乗るのである。

それは、必ずしもテキヤ社会だけの特別なものではない。初対面の相手に対し、特に出生地をただし合うのは一般に通じる作法である。自らが名乗らなければ、〝お国はどちらですか〟と尋ねたりもするはずである。

たぶん近世以降のことであろうが、われわれ日本人の挨拶の中には、多かれ少なかれ国（出生地）改めの要素が含まれていた。

利兵衛の話が続く。

「家名を名乗り、アイツキ（挨拶）の口上が礼儀正しかったら、そりゃあ信用せんわけにはいかんがの。まあ、人間、挨拶させりゃあ、その人の格《くらい》というものがわかるわのう。

そういう信用関係ができたら、ショバを割ってもらう。

ショバというのはな、セミ（露店）を張る場所のことじゃがの。高市ごとに、それを仕切る親分（一家）があるからの、そこでショバを割ってもらわんことには、わしらのバイ（商売）はなりたたんわのう。

ああ、高市をある親分が仕切るということは、お宮さんなりお寺さんなりその祭りや縁日の主催者というものがあるわな、その主催者の門前の仕切りを代行するわけじゃのう。親分が、主催者や警察、土地の人とのとりきめを全部した上で、そのショバを預かって仕切る。

縄張り、とはあんまり言わんがの。縄張りでもええが、わしらは、ニワバ（庭場）という。ヒバショ（火場所）ともいうわのう。

だいたい一人の親分が、何か所かのニワバをもっとるもんじゃがの。大黒屋じゃと、六つのニワバがあった。

そのニワバへは、自分の一家内のセミも出すが、他所《よそ》から来た客人（商売に来た同業者）にも満遍にショバを割ってセミを出させにゃあいかんがの。ああ、案内状で案内することもあるし、旅の途中で、〝ウチにもしかじかこういうニワバがあるので、一度バイにお越し下さい〃と言うたりして、フレ（情報）はよけいあるから何やかやの因縁で客人が集まってくるわのう。

ああ、初めてのつき合いでも、さっき教えたようにメンツウ（面通し）のアイツキをしたら客人として扱うてもらえるさ。

場所割りの方法は、ところによっていろいろあるが、その日の朝とか、大きい高市では前の日とかに受付けがあるわのう。これを済まさにゃあ始まらん。ああ、さっきのアイツキとは別。チャクトウ（到着）をつける。チャクトウというのはじゃの、シヨバ（場所）代のこと。高市ごとに値段は違うがの、そこをニワバとする親分に払う。そうそう、そこでのバイの地元対策や手続を一切代行してもらって、営業の安全を保障してもらう謝礼と考えてもいいわのう。

チャクトウが済むと、場所が割られる。場所を割ってもらったら、〝おたの申します〟と従うて文句は言えんが、場所によってバイのアガリ（稼ぎ）が違うからのう、ショバ割りというのはむずかしい。デパートやスーパー（マーケット）でも、商品の並べ方で売り上げが違うというじゃろうがの。客人の地位やつき合いの度合いもあるし……。そのへんが玄人《くろうと》の年季というもんで、素人《しろうと》の手に負えんところでのう……」

テキヤの仲間たち

このあたり、利兵衛の話は留《とど》まることを知らない。素人の、孫のような年格好の筆者が相手である。あるときは昔話を語り聞かすかのようにやさしく、またあるときは、お前ごとき若僧にわかるはずもあるまいといわんばかりに冷やかに、巧みに言葉を継いでゆく。筆者が口をはさむ余地は、ほとんどない。それに、口を開いて尋ねなくとも、筆者が必要とする解説はちゃんと挿入してくれるのである。

「はあそうですか、へえーそうですかと、あんたはうなずいて聞くだけじゃが、ほんまにわかっとるんかいのう。

いいかな、わしらの世界は、チョーフが多いからのう。バイ（商売）、ネタ（商品）、ショバ（場所）……。みんな、チョーフじゃがの。わかっとるかいのう。チョーフは符牒《ふちょう》、仲間内での暗号のことじゃわいのう。

どうしてチョーフを使うかって言いたいんじゃろ？　そりゃあ、商売じゃもん。商売というのは、わしらだけじゃあのうて、みんなそれぞれに符牒を使うとるじゃろうがの。商売の基本を考えてみたらええ、どれだけ安く仕入れてどれだけ高く売るかということに尽きるじゃろう。その間の仕組みやからくりが外部《そと》に漏れたら困るがの。たとえばじゃ、同じハコ（同商品を扱う露店）の者同士が値段を協定するようなとき、〝トモがフリチチョウじゃからタメヂューバイにしよう（元価が二五円のものを四〇円で売ろう）〟とでも言うたら、外部にはわからんじゃろうがの。もっとも、客を前にしてそんなバカなことを言う者もおらんがの。

ああ、隣同士で、〝オカもランもええマブイシタバじゃ。ヤチもええぞ、こりゃあ〟というような無駄話をようしとるもんだ。オカは顔、ランは着物、マブイシタバは良い奥さん、ヤチは女の持ちもんのことよ。つまりだな、顔も着物もええ奥さんじゃ、

○○○○もよかろう、と言うとるんじゃのう。アッハッハッ……。

そうだな、わしらの符牒は、ビタ、バイ、ショバ、チョーフなど、逆さの言葉が多いようじゃのう」

利兵衛の話を待つまでもなく、われわれは、テキヤといえば特別な規則によって結束する社会、という概念をもっている。それが、とかくテキヤが即ヤクザだという誤解を与えるものだとしても、挨拶や符牒が滞りなく口から流れ出ることがその社会を結束させていく上での必要条件であるだろうことは想像にかたくない。

事実、テキヤ社会は、他の社会と一線を画しても同業者間での仁義を重んじる傾向にある。もちろん、そのことは、農業社会であれ漁業社会であれ、党派、学閥や会社組織であれ、多かれ少なかれ同じような傾向がある。しかし、テキヤ社会での結束はひときわ強い、といえるだろう。

利兵衛が述懐する。

「そうじゃ。わしらの社会は、仲間づきあいが厳重で平等なことがいちばん大事になる。もちろん、盃をもろうた親分への務めはあるが、ヤクザ（博徒系の無職渡世）の連中のような親分以下幹部が何階級にも分かれて上下関係が煩《うる》さいのとは違う。テキヤは親分の次に実子分《じつしぶん》（跡目）がおるかおらんか、それ以下は全員が若い衆で身分は皆おんなじじゃがの。社長がおって、専務や部長、課長がおらず、あとは全員平社員ということであるかの。そりゃあ、一律に若い衆とはいうても、年季の差はあるわいのう。年下の者《もん》が元老や先輩諸兄を敬うのは、こりゃあ当たりまえのことじゃろがの。そこでじゃの、わしらは、親分も若い衆もひっくるめてダチ（仲間）という気分が強い。そのつき合いは、何よりも優先する。ダチ内《うち》の冠婚葬祭へのつきあいは、言うに及ばん。そういうこととは別に、いろいろ相互扶助の仕組みがある。

たとえば、ウチコミ。これは、二〇なら二〇、三〇なら三〇とハコが決まっとる高市に五〇とか六〇とか露店《みせ》が集まったとき、同じネタを持つ者や顔見知りの者同士が共同で一つのハコをもらって商売する方法なんじゃ。ヨロク（利益）は、折半する。もちろん、一人で売るよりはヨロクは少ないが、あぶれることはないじゃろうがの。籤《くじ》引きなんぞは、それ自体は公平な方法じゃとしても、籤にはずれたらその者はヨロクが零《ぜろ》じゃろうがの。わしらは、そんなことはせん。稼ぎは皆で分ける精神じゃのう。

メンチョウというのもある。帳面のことじゃがの。ダチの誰かが病気で倒れたりしたら、そのダチが常時露店を出しとる高市《たかまち》に、メンチョウを回してやる。半紙でも美濃紙でもとじて帳面をつくって、それに〝何年何月何日、何々の高市で誰々のための奉願帳〟なんて書いての、世話人の名前を連ねて回すわけじゃ。

このメンチョウが回ってきたら断われん。世話人が強制して回ることはないが、明日はわが身じゃもの、断われるはずがなあがの。それでも、悪い奴もおってのう、そうしてメンチョウで集めた見舞金をそっくり全額相手に渡さん奴がおる。ピンハネ（搾取）するんじゃわのう。なかには、金に困ると、ダチのせいにしてメンチョウを回そうとする不心得者もおるがの。ただ、そういうことがうすうすわかっていても、メンチョウと言われたら断われん。それを断わったら、あいつは義理人情をわきまえん奴ということになって、あとのビタ（旅）がうまいことといかんがの。

わしらは、男の渡世。ダチは、親兄弟よりも大事になる。友だちは五本の指、という。仁・義・礼・智・信、これが五本。この一つも欠けてはいかん。

なかでも、特に、バヒハルナ、タレコムナ、バシタトルナというて、この三つは絶対守らにゃあならん。バヒハルナというのはバイヒン（バヒ＝売上金）をごまかすな、ということじゃ。タレコムナは、ダチを売るな、密告するなということ。バシタトルナというのはダチの女房をコマすことをするな、つまり、女犯《にょはん》禁止であるわのう。特に、わしらはビタに生きとるじゃろうがの。留守宅に問題を残したり、ダチやバシタ（女房）が信用できんようではビタはなりたたんよのう。そのあたりの約束事じゃがの。まあ、こうしたことは、わしらが特別というのじゃあのうて人間として当りまえの道徳というもんじゃが、わしらがそれを犯すと重罪になるわのう。

憲法、法律に触れりゃあお上《かみ》（警察）の世話になるが、わしらの法は仁・義・礼・智・信で、それに触れりゃあそれなりの制裁があるわいの。その制裁は、いろいろある。友だちは五本の指、その友だちを裏切るからには、指一本ぐらいは詰めにゃあ詫びられんじゃろう。

家名を汚すような不作法なら、所払いや破門がある。所払いは、たとえば中京三県所払いとか東海六県所払いがあり、その内で住むことも商売することもできんことになる。破門は、もうこの渡世では生きられんわのう……」

利兵衛たちテキヤは、仲間内の道徳心、規範に従って、相互扶助の精神をもって旅商いに生きている——それにつけても、なぜにこうも結束が強いのか。そこで、あらためてテキヤとは何か。

しかし、そのことについては後の章で問うことにして、ここではワンチャ（茶碗屋）利兵衛の旅を追う。

印物《しるしもん》行商と弟子修業

貧乏徳利を売る

「わしのビタ（旅）は、まず、ドエ（江戸＝東京）に出ることから始まった。近まわりの高市《たかまち》から慣らすのがふつうじゃが、わしは、大黒屋に入る前から東京に土地カンがあったから、新米のテキヤのビタとしては特別じゃろうな。

東京の土地カンのことかいな。そのことを話しゃあ長うなるが、あんたも知らっしゃるとおり、わしは、大黒屋に入る前に、一年間印物屋《しるしもんや》をやっとった。行商の経験が、あったんだわの。

印物屋の話から始めてええかの？」

話が前後することになるが、少し遡って、テキヤになる以前の利兵衛の軌跡を追う。

印物というのは、表に○○商店とか、○○記念とかの印《しるし》（文字）が記されている陶磁器類のことである。酒器、花瓶、灰皿など、現在でも贈答品や飲食店の食器などに多用されているので、よくおわかりいただけるであろう。

印物にも、磁器が多い。白い素地に艶釉薬《つやぐすり》がかかっている硬質のやきもので、有田《ありた》

（佐賀県）や瀬戸（愛知県）、美濃（岐阜県）などが大規模な産地として知られている。そうしたところに、印物行商が発達した。たぶん、茶碗屋と前後して発達した行商形態であろう。

印物屋とは、見本の器類を持って歩き、それに記すべき文字の注文をとってくる行商人である。それは、窯元とか、窯場の陶磁器仲買商（卸商）から派遣される場合が多い。つまり、窯元や仲買業者の下請的な行商、ということができよう。

利兵衛の場合は、本家の叔父が小名田《おなた》（多治見市）で窯焼《かまやき》（窯元）をしており、徳利を専門で焼いていた関係で、その印物行商に出ることになったのである。

「わしは学校を出て、一五の年に下石《おろし》（土岐市）のある窯元に奉公した。ああ、そうじゃ、職人になるつもりじゃった。

先《せん》にも言うたが、三年ほどすると、少し気が変わってきた。職人もいいが、所詮《しよせん》親方に使われる身じゃからのう。これじゃあ一人前になったとしても、たいして金にはならん、と思いだした。そのころ、職人の日当がいいとこ四〇銭、土方《どかた》日当の三四銭とそう差がなかったもん……。

まあ、正直な話をすると、わしの筋（技術）もしれとった。自分ながら、これじゃあ上達の見込みがない、と諦めもした。

金を稼ぐには商売がいちばん、とわしは思うた。じゃが、そうは思うても資本《もとで》がない。そうなると行商しかなかあがの。そのことも、前に言うたことじゃが、正確にわしの履歴を言うと、行商を思いたったのは、はじめは本家を頼っての貧乏徳利《びんぼうどつくり》の印《しるし》とりに出ることじゃった」


貧乏徳利は、酒屋の小売り容器の俗称である。ガラス瓶が出回るようになるまでは、酒の小売りと運搬には、おもに陶磁器の徳利が用いられていた。その徳利の表に、酒の銘柄、酒屋名、地名、番号などが釉薬《うわぐすり》で記してあるものが貧乏徳利である。一升徳利（一升は約一・八リットル）が大半だったが、五合徳利や二升徳利もあった。

これは、酒屋が消費者に貸す形式をとるもので、酒屋では貸した先と徳利の番号を帳面に控えておいて、あとで手代や丁稚が回収しに回っていたものである。だから、これを、貸徳利《かしどつくり》とか通徳利《かよいどつくり》ともいっていた。

この貧乏徳利が、明治から大正期にかけて全国的な普及をみた。

「印物のはじめは、貧乏徳利じゃった。わしが歩きだすより前、明治の中ごろから美

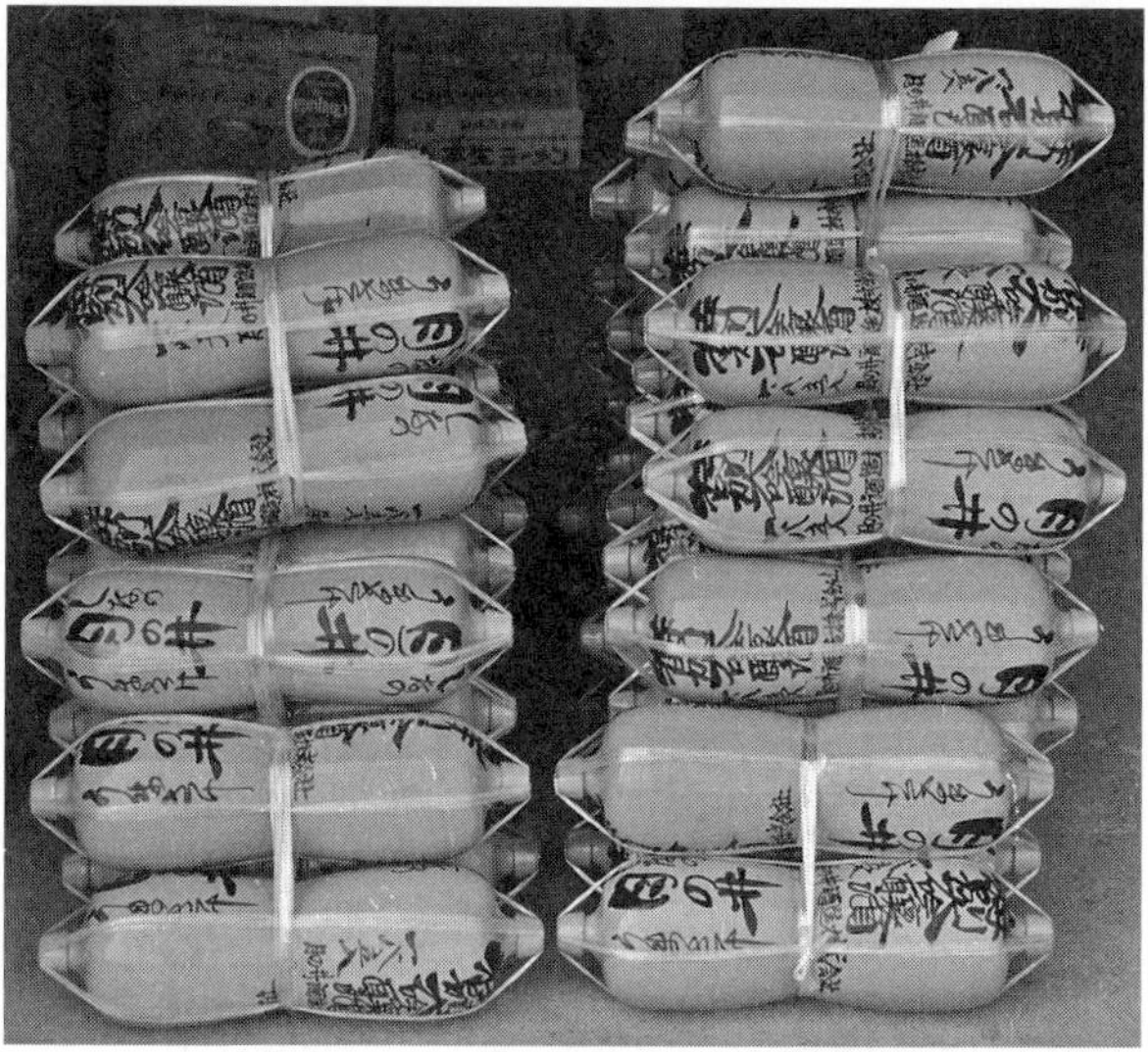

美濃焼の貧乏徳利、高田徳利ともいう

濃焼の貧乏徳利が方々に出る動きがあった。

行商の方法は、貧乏徳利の見本を持って歩き、それを使うことを勧めて徳利に書きこむ文字の注文をもろうてくる。

いうなればじゃの、貧乏徳利は、酒屋にとっては新兵器じゃがの。容量が一定であることも便利じゃったが、酒や店の名前が焼きこまれとるんじゃから、宣伝効果があるわいの。印物の注文とりは、何よりもその宣伝効果を説いて歩いたもんじゃのう。

いまは、何でもかんでも宣伝の時代じゃがの、当時はセト（磁器）の印物が少なかった。宣伝マッチもなあしの、包装紙も包むがだけのためのものじゃった。わずかに、手拭《てぬぐい》に印を染めぬいたものが出とったが、それも限られとったのう。

貧乏徳利は、画期的な商品だったんじゃの。わしに前後して、多治見からもよけいの印物屋が出ていったわのう。それで、あっという間に、日本中に貧乏徳利が広まったがの。

そのことで、わしは、ひとつ不思議に思うとることがある。最近のテレビの時代劇、ありゃあ何じゃ。武士でも百姓でも、貧乏徳利を片わきに酒を飲んどるがの——そんな馬鹿げた話はない！

ああ、わしが歩きはじめたころでも、東国《とうごく》にはまだ貧乏徳利を使うとらん酒屋が方々にあった。じゃから、わしらが飛びこみで商売ができたんじゃがの……。

いいですか、貧乏徳利は、わしらが売り歩いて広めたんですぞ！」

利兵衛翁のそうした憤慨には、筆者も大いに同調するところがあった。以前は銘々に手提《てさげ》の桶を持って酒屋に行き、それに枡《ます》で量った酒を買って入れ、持ち帰っていたものだ、という話を聞いたからである。

話をついでに脇道にそらすことにする。

実は、筆者は、利兵衛翁を訪ねるまでの数年間、やきものの技術の伝播と製品の流通についての調査を行っていた。利兵衛翁を訪ねたのも、その一生を聞くのが主目的ではなく、現在は散逸してしまっている小名田の本家（窯元）の大福帳（売上げ帳）の在りかを尋ねるためであった。

ともあれ、貧乏徳利に関しては、筆者もかなりの資料を集めていた。現物《げんぶつ》が、約一四〇〇本（現在、日本観光文化研究所民具収蔵庫に収蔵）。ほぼ、全国にわたって集められている。

それを、整理分類してみると、まず、全国では十数種の貧乏徳利の存在が確かめられるが、大別すると三種類の徳利が日本をほぼ三分して広く分布していることがわかる。有田焼系（波佐見焼も含む）の白磁徳利、丹波《たんば》立杭《たちくい》焼（兵庫県）の陶器徳利、それに利兵衛翁たちが行商した美濃焼の半磁器徳利である。ちなみに、その特色であるが、有田焼は、首が長く胴が丸まっており、俗にラッキョウ徳利とかハクチョウ（白鳥）と呼ばれたもので、白い素地にコバルト釉（青色）の筆文字が記されている。また、丹波立杭焼の徳利は、胴は樽形で首が細く短く、やや粒子の粗い鉄釉（褐色）の肌に白い釉薬で筒書き文字が記されている。筒書き文字というのは、竹筒や皮袋などに入った泥漿《でいしょう》状の釉薬をスポイト式に流し出す方法で書いたもので、その文字面が盛り上っている。

さて、美濃焼の徳利であるが、これは、筒胴形で首は鎌首、灰色がかった白い素地に鉄（黒褐色、マンガン釉ともいう）の筆文字が記されている。いずれも、その形色においで、はっきりと区別できるものである。

次に、こうした貧乏徳利に記された文字をつぶさに読み拾ってみると、その地名に明治以降の町村名が多いことがわかる。そして、何よりも明らかな事実は、電話番号が記されていることである。私が手にした一四〇〇本あまりの貧乏徳利の大半は、そうしたものであった。

ということは、利兵衛翁の述懐を十分に裏づけることになる。

そもそも、酒は、神聖な飲料であった。まず、神に供え、それから人々が相伴して飲むものであった。このことは、古い神事などでも明らかなことである。ハレ（非日常）の日以外、つまり、ケ（日常）の日に酒を飲むことは破廉恥なこととされていた。そうした、飲酒習俗を、われわれ日本人はもち伝えてきた。特に、農山村においては、近年までそうであった。

都市においても、たとえば三田村鳶魚《みたむらえんぎょ》（一八七〇―一九五二）などの江戸研究によると、江戸のまちで居酒屋ができるのが江戸中期、とある。案外に、その歴史は浅い。以後飲酒習慣がしだいに日常化してゆくのであるが、それでも家では飲まず、料理屋や居酒屋に出かけていって飲む――やはり、ハレ的な要素を伝えるものであった。酒を日常的に購入して家で晩酌、などということにはなかなか進まなかったのである。

それが、今日的な購入飲酒に発展するのは、明治時代に入ってからである。

鹿鳴館に代表される新しい社交習俗が、それまで以上に飲酒を重んじることとなり、それが社会全体にまで広まったのである。たとえば、各地で役所や学区単位の宴会が何かにつけて開かれるようになった。それは、祭りの日に自分たちが醸造した濁酒《どぶろく》や焼酎《しょうちゅう》を飲む旧来の宴会とは異なったもので、清酒購入を急速に進めるものであった。

特に、明治半ばすぎの日清・日露戦も、飲酒習俗を広める起因となっている。

つまり、出征や凱旋のたびに祝宴が開かれる。そして、入隊してからも、何かにつけて酒が出る。それが勝ち戦《いくさ》であれば、いうなればハレの日が毎日続くわけである。軍隊には、米と同等に酒の供給を優先した。そうしたことから、何人もの男が、酒の味を覚えることになる。もちろん、この場合の酒は、清酒である。その結果、退役して帰郷した者が、清酒を購入して飲むことを広めることにもなった。

印物も、そうしたことにからんでも普及していった。日章旗や旭日旗をあしらい、「入隊記念」とか「凱旋記念」などという文字を記した磁器の徳利や盃類が多く存在するのである。

東京への行商行

さて、若き利兵衛の印物《しるしもん》行商が始まった。

「はじめての旅のことは、よく覚えておるがの。

わしが一九歳の春、東京に出た。なんで東京かって、そりゃあ、印（文字）を入れて宣伝するようなネタ（商品）は東京を中心にさばけるからのう。いまでもそうじゃろうが、そのころは、初めての商売には東京にまず出てみることが常道というもんじゃった。東京には競争相手も多いがの、東京を起点に足を延ばせば、酒屋も点々と連なってあるし、得意（先）もできんのにドサ（地方）回りをするよりはノリヒン（旅費）だけでも安上りですむというもんじゃ。

行商のコツは、わしが六〇年もやってみてまだわからんほどむずかしいもんじゃが、どうやってノリヒンとドヤヒン（宿代）を安くあげるかということがいちばんの問題になる。それで、初めてのときは都会を中心に歩くことになって、旅に慣れてコネができてからドサをつなぐことにするんじゃわのう。

安く仕入れて高く売る――そんなこたあ、行商に限らず、どんな商売でもあたりまえのことじゃがの。えっ、そうじゃろう？

東京までの汽車賃が四円六〇銭。浅草の木賃宿に泊まるのが二八銭。

一升徳利一本を酒屋に売って一八銭。窯屋から渡される値段が一本一二銭とか一三銭じゃったからのう、一日に一〇本ほどは売らにゃあ商売にならん勘定になる。じゃがの、売るのは一〇〇本とか二〇〇本の単位じゃから、まめに歩けば何とかなろうのう。

中野、日野、八王子、砂川、青梅《おうめ》と、浅草の宿を朝出て、中央線に乗って毎日よう歩いたもんじゃ。見本はトランクに入れて……、そうよの、あのフーテンの寅さんが持っているような四角いトランクじゃが、あれに貧乏徳利の見本を入れて、造り酒屋も小売りの酒屋も軒並み歩いて回る。それで、印の注文をもらうんじゃわのう。

そのころのわしは、何というてもまだ二十歳《はたち》にもならん年端者《としはもん》で口のきき方もよう知らなんだ。口説きがきかんがの。行商は物乞いとは違うとはいうても、飛びこんですぐ物を買うてくれと言うて良い顔をしてくれる人はおらんでのう……。そこを、一言でも二言でも言葉をつないで口説かんことには商売にならんのじゃが、これがなかなかむつかしいものなんじゃよ。

人それぞれに、名誉心もあれば恥や弱みもある。そこを、うまいことおだてたりおどしたりしながらネタの売りこみができりゃあええが、若僧じゃあ無理だがの。純情だけじゃあ、商売はできんもんでのう。

なかなか売れんときには、酒屋を訪ねるんも大儀《たいぎ》になってくる。それで、そういうときには、ずるずるとして時間を無駄にしてしまう。宿代が二八銭かかっとるんでそれだけは稼がにゃあ、という気持で焦るのに、足が酒屋に向かわんことがある。若かったんじゃのう。そうしたときにはロクなことがないが、一つだけええこともあった。

犬も歩けば棒に当たる、じゃがの。恥かし、辛し、売れずにシケる話よりは、こうした話の方がよろしいじゃろ、ええっ？

中野の駅で降りて、方南町から甲州街道の方へ歩いておった。そこで、肥桶車《こえたごぐるま》に出合った。

肥桶車は、知っとるじゃろう。そのころは、東京というても、町並みは中野のちょっと先、笹塚とか高井戸のあたりまでしか続いとらんで、その先は府中や日野、八王子なんかにちょっとずつ町並みがあるだけ。あとは百姓家が点々とあるような状態じゃったがの。土が黒うて、埃がひどい。冬は、木の葉が落ちて枝ばっかり、そういう樹が多かったから寒々しい景色がずっと続いとった。武蔵野の冬景色を初めて見たときは、えらあ遠くに来たような気がしたのう。

畑は、一枚ずつが広かった。ああ、肥桶車じゃがの、そうした郊外の百姓家から都内の住宅の便所をさらいに来とったもんじゃ。大八車を引いて、肥桶を八つぐらいのせて、桶の中には肥がこぼれんように藁や木の葉を浮かべてのう、それが甲州街道なんかを、チャプチャプ、ガラガラと下っていたんじゃがの。

その中の一人、たしか府中の是政《これまさ》から来たという親爺が道端で煙草を吸うているのに出くわした。わしは言うたもんじゃよ。同じ歩くんでも、あんたらはええ、金も払わず、頼まれて肥をさろうて、そのさろうた肥が自分の畑に使えるんじゃから――と、そう言うた。そうしたら、その親爺が、隣の花は赤い、なんて説教をたれてのう。そのくせ親爺は、肥汲みはもう先がない、と愚痴をこぼす。まあ、世の中そんなもんじゃろうて……。

その親爺が言うたことのなかに、一つ商売のヒントになることがあった。金肥《きんぴ》が出るようになってきたので、便所の肥が使われんことになる、というんじゃがの。いまから、六〇年以上も前のことじゃで。そのころ、百姓の親爺が次の世の中を予測しとった。偉あもんじゃったのう。それで、そのきざしというのは、八王子に成瀬という府会議員がおって、それがえらく頭が切れる男で、肥料屋を始めたからじゃ、というじゃあなあか。

まあ、そんなことは、わしにはどうでもよいことじゃったが……。いや、まてよ、と思うたがの。そういう新しい勢力があるところには、こっちの商売もつなげるかもしれん、と思いついたわけじゃのう。わしは、早速、八王子の成瀬を訪ねてみた。そのへんは、若あだけに単純じゃったのう。

じゃがの、運なんて、どこにころがっておるかわからんもんじゃで……。

成瀬という人は、豪気な御仁じゃった。むろん、肥料屋や府会議員に貧乏徳利は無用じゃったがの、そこはわしも若あだけに無鉄砲じゃったから強引に頼みこんだ。そうしたら、〈成瀬〉という印の入った湯呑茶碗を五万個つくれ、という注文をもらうことになった。いま思うと、ありゃあ、選挙運動にでも使うたんじゃの。わしにとっては、一個一銭二厘、いまの四〇円ほどじゃから、大きな商売じゃったがの。

徳利を売りに歩いた余禄として、そんな体験《こと》があった。旅というのは、そういうことがあるから、おもしろい。予期せんこと、意外なことがあるから、やめられん。まあ、水商売、博奕《ばくち》のようなもんじゃのう。

そりゃあ、ええことばかりはなあがの。

印物屋で、何より困ったのは、酒屋相手では盆暮勘定なので、半年間は金にならんことじゃった。なんぼ仕入れ先が本家じゃいうても、品物の融通はきかせてくれるが金の融通には限度があるからのう。

わしには、銭が要《い》る。嫁に欲しいと思う女もおった。それで、同じ行商なら、毎日現金が入るワンチャ（茶碗屋）の方が割がええと思うたわけじゃがの。本当の話は、そういうことじゃった。

わしが、テキヤになるまでには、そういういきさつがあった。話せば、長くなったじゃろうがの……」

初めての叩き売り

以上の話は余談といえば余談になるが、そうした東京を中心に関東への行商経験（印物屋）があったからこそ、利兵衛は、テキヤとしても比較的早く一人で旅に出ることが可能であった。

しかし、それは例外といってよい。一般には、一人前のテキヤとして独立するために、弟子入りの期間が要る。

その弟子というのは、盃事による親分子分の関係とはまた別である。商売の方法を教わるために、師匠のもとで一定期間を売り子として仕えることである。この場合の師匠は、もちろんテキヤではあるが、あくまでも個人としてのテキヤである。つまり、この道を志した者は、まず自分でしかるべき人を選んで内弟子《うちでし》に入り、そこでの年季を務めたのち、その師匠の属する一家の親分から盃を受ける。かつては、そういう弟子入りの制度がきちんとあった。

もっとも、すでに一家をなしている親分を師匠として選んでもよいわけで、近年は特にその傾向が強くみられる。しかし、それでも一定の弟子期間が必要で、すぐには盃（親子盃）はもらえない。

ふつう、テキヤの言葉では、弟子（売り子）のことをカセギコミという。しかし、茶碗屋に関しては、コゾウ（小僧）ともいう。かつては、食わせてもらうだけで、小僧三年、礼奉公一年が一般的であった。

特に、茶碗屋の場合は、小僧の時代が大事だった。それは、バサウチという特殊な商法が茶碗行商の基本となっており、その技術を身につける必要があったからである。

バサウチは、タンカバイ（口上売り）の一種である。が、ふつうのタンカとは違う。ふつうのタンカは、客を呼び寄せるための景気づけ的な前口上に終始する。それに対して、バサは、寄りついた客を口説き落とすための話術が加わるもので、客の顔色を見ながら臨機応変に値段を落としてゆくところに最大の特色がある。

といえば、もうおわかりであろう。バナナの叩き売りが、バサウチの典型である。バナナの叩き売りは、おもに戦後（第二次大戦後）、下関（山口県）のテキヤを中心に広まったものである。しかし、茶碗屋のバサウチは、それより古い伝統をもっている。テキヤ社会では、いまだにセト（セトモノ）バサという言葉がバサウチの代名詞として通じるほどである。

実は、利兵衛も、テキヤに入るについて、半端《はんぱ》な期間（約一年間）ではあるが、弟子修業をした。もちろん、バサウチを習得せんがためである。

師匠は、大黒屋四代目国行勇その人であった。はじめは、千葉県鴨川の北条の高市《たかまち》に同行することになった。その後、関東各地を巡り、しまいのころは秋田県の湯沢や愛媛県の西条にも足を延ばした、という。もちろん、その間は、小遣い銭をもらう程度で、無給である。

「もう旅には慣れとったが、印物屋《しるしもんや》はヤサコミ（訪問販売）じゃから、バサは打たんでのう。あのころ、大黒屋でワンチャ（茶碗屋）が四、五〇人もいたじゃろうか。そのほとんどが、バサウチじゃからのう。バサが打てんではワンチャになれなんだがの。

四代目自らが、バサの名人じゃったし。

それじゃから、弟子に入っとる間は、一生懸命じゃった。親方について雑用をしながら、耳をそばだてて親方のバサを聞く。それを暗唱する。夜、寝るときも、小さな声でくり返しくり返し唱えてみる。わしの人生で、あなあに懸命になって勉強をしたのは、ほかになかったのう。

国行勇は、名人バサウチで、頭がようて、機転がきいて、頓智のきく人じゃった。バサには何通りかの基本がある。そうじゃのう、ネタ（商品）ごとに分けると十《とお》もそれ以上もあるかのう。その基本は基本じゃが、場所と相手によって臨機応変に、ところどころ変えにゃあならん。それじゃから、基本を崩した亜流がまた何通りも出てくるわのう。

バサを打つにゃあ、バカの一つ覚えじゃあ商売にならん。それも、一つ覚えるのも大変《たあへん》なんじゃから……。ちゃんとやったら、一つに一二、三分はかかるじゃろう。それを、最底でも、茶碗、どんぶり、皿と三つのバサを覚えんことには半人前にもなれんからのう。それぐらいの頭が要る。その上で、土地柄や人の気持を読みとって臨機応変にやってゆかにゃあならんので、かなり程度のいい地頭《じあたま》が要るわけじゃわいのう。

わしは簡単にすませたが、一通りのバサが打てるようになるまでに、ふつうは三年か四年。それから独立して曲がりなりにもバサ打ち続けて、それなりに臨機応変がきくようになるまでには、五年も六年もかかる。石の上にも三年、何をしても一〇年が辛抱、人生死ぬまでが修業、というわいのう。

そりゃあ、あんた、なんぼちゃんと暗唱したからというても、はじめのころはまともにできるものじゃあないがの。まず、顔が上らんわいのう。

わしが初めてバサを打ったのは、四国の西条で、名前はとっさに思い出せんが、道後温泉に近いところの小さい寺の秋彼岸の縁日でじゃった。客足がちょっととだえたときに、親方が急に、おまえ打ってみい、と言うた。内心、しめたっ、と思うたの。親方について歩いてそろそろ一〇か月近かったから、バサを打ちたくてウズウズしとったころじゃたからのう。バサも、五、六種類は宙《そら》で覚えとったので、内心は自信があった。

それが、どうじゃ。茶碗を前にして、タク（口上）は出たものの、恥かしゅうて顔が上らん。顔が上らんぐらいじゃから、手も叩けんがの。親方からはしかられるし……。結果は、散々なもんじゃったの。三回バサ打って、茶碗の一つも売れなんだ」

こうした失敗談は、利兵衛に限ったことではない。茶碗屋の誰もが、多かれ少なかれ経験してきているのである。

バサ（叩き売り）は、話芸ともいえる。おもしろおかしく、説得力をもった演技でなくてはならない。恥かしさを捨てて、演技者に変身できるかどうかが素人《しろうと》と玄人《くろうと》のある種の境目となるのであろう。

では、セトモノを売るのにどうして芸が伴ってきたのか――。

「どうしてバサを打つかって……。そのへんは聞かずもがな言わずもがなでもよかろうがの。まあ、いいわい。

もともと、ワンチャが扱う品物《しなもん》に上等なものはなかった。ゴク（三級品）とペケ（等外品）じゃからのう。トビ（一級品）やダイ（二級品）は、窯焼（窯元）から問屋、それから陶器店やら荒物雑貨店へ流れていくでのう。わしらは、窯焼に直接行って、ペケを漁《あさ》り、見せ玉としてゴクをなんぼか混ぜて仕入れるわけよのう。仕入れ値は、二束三文じゃがの。

それでも、旅に持って出たら、ペケでもよう売れた。今は昔の物語、そういう時代があったんじゃわいのう。

　ところがじゃ、なんぼなんでも、これは傷物《きずもん》でござい、不良品でござい、とは売れんじゃろうがの。娘を嫁に出すときと、同《おんな》じじゃのう。傷を隠し、できるだけいい値で売りたいわの。えっ、そうじゃろうが、のう。

　並べとるだけでペケが売れりゃあ苦労せん。客にしげしげと眺められて、あげくのはてに手にとられ、〝ああ茶碗屋さん、こりゃあ線が一本足りませんが〟とでもいわれたら、売れりゃあせんじゃろうがの。線が一本足りんでも、縁《ふち》が少々歪んでおっても、使うのには不自由がなあわのう。それで、バサ打って、まとめてお買いいただきましょう、ということになるわけじゃ。

　それじゃから、バサは、知らず識らずのうちに人を酔わせる、酒か麻酔薬のようなものとでも言えばいいかいのう……。いいバサになると、聞いてて自然に心地ようなって気が大きくなるような、悪酔いも二日酔いもせん一〇〇年もののスコッチウィスキーのようなコクの深さがあるわのう。

　とは言うても、もうバサも久しゅう打たんわい。

　戦後は、世の中が変わってしもうて、しだいに人の懐が暖こうなってきた。そうす

このようなペケ（等外品）までが売れた

ると、ものを見る眼も自然と肥えてくるがの。少々傷があっても値段が安けりゃあええ、という客は少のうなった。値段より品質への好みが出だしたんじゃのう。実際に商品を手にとって、裏がえしたり柄あわせをして確かめた上でなあと買わんようになってきた。それに家族の単位が小そうなって、そうそう核家族化というんかい、そうなると、客が買うのは三枚とか五枚とかで、昔のように一〇枚、二〇枚という大ざっぱな買いものはほんに少のうなった。

そうなりゃあ、わしらワンチャも、いつまでもペケをネタにバサ打つわけにもいかんがの。一級品、二級品を品とりどりに種類をよけい揃え、客が選びやすいように並べ、まあ一般の小売店のような方法をとらざるを得んのじゃのう。

それから、人間の気持も変わってきたがの。急《せ》くというか、融通がきかんというか、遊び心が足りんというか、わしらのバサのタク（口上）がなかなか通じんようになってきたんじゃのう。わしらのホラ（誇大）やハッタリ（威嚇）やコマシ（口説き）に乗ってくれらあせんがの。芸とか遊びに見てくれん。

バサを騙し売り、うさんくさあ商売としか見てくれんし、下手《へた》すりゃあ、言葉尻をとらえて詐欺師呼ばわりをするような人間が多うなったでのう。まあ、わしらのバイ

（商売）も誉められたもんじゃあなあが、それでも、バサのタクは歴代のワンチャが知恵をしぼって磨きあげた話術話芸といえるわの。それが、できんようになるのは、やっぱり惜しいことじゃと思うわのう。

関東で、たぶんいまでも浅草あたりでバサ打つのがおるじゃろうがの、ありゃあ江戸バサとか関東バサというもので、正調じゃあなあでのう。客をおちょくって、値段をバンバン落とすだけで、ネタの品質も説明せんし、客と掛けあい漫才をするような楽しさもなあがの。わしらに言わせりゃあ、江戸バサはせっかちで粗すぎる。

百歩譲って江戸バサもバサのうちとしても、ワンチャのバサは、何というてもここ（東濃地方）が本場じゃからのう。

鮮やかなところを聞かせてやりたあがの、もう二〇年もやっとらんから、口が滑りそうになあがの。それに、地面に座って、ネタを前に置いて、客が前に立ってないと、どうもできんもんじゃわのう……」

利兵衛は、そう言いながらも、筆者に聞かすべく、何度かバサのタンカを喋ろうと試みてくれた。しかし、いかにも不自然でぎごちなく、筆者も、無理に思い出すことはないでしょう、と諦めの言葉を送ることになった。

旅から旅へ

一年の旅日記

東京に始まった利兵衛の旅は、六〇年間に及んだ。

家名が名乗れ、バサ（叩き売り）の技術さえあれば、茶碗屋としての旅商いがどこでも可能であった。

「独《ひと》り立ちしたら、この世界では、あとは自分の甲斐性しかない。何かあったら、そりゃあ、親分や仲間もスケ（助け）てはくれるがの、ビタ（旅）とバイ（商売）は自分の甲斐性次第じゃのう。

前にも言うたじゃろうがの、この世界は、親分は親分であるが、あとの若い衆は皆一緒（同等）じゃと……。ビタとバイに関しては、身分に関係なし。一軒の間口は一律に五尺七寸五分（一間）、ショバ代（場所代）も一律じゃもんのう。これほど平等のこたあなあがの。

ネタ（商品）も、たとえば食べもんなんかは親方（親分）が一括して買うて若い衆に卸すことがあるがの、原則としては、それぞれが仕入れてそれぞれに売る。じゃから、親分というても、上納金制度があるわけじゃあなし、自分でもセミ（露店）を出《だ》あてバイをせにゃあ生活ができんわのう。わしが弟子入りしてバサを習うた四代目（国行勇）も、ずっと長あこと自分のバイをせらっしゃった。

ワンチャ（茶碗屋）は、テキヤのなかではネタがかさばる（金目という意味）から特にネタモト（仕入先）が問題になるわのう。ワンチャは所詮ペケ屋じゃというても、ペケ（等外品）ばかりじゃあ商売にならんで、ゴク（三級品）やダイ（二級品）も要る。それも、口手形だけで仕入れて、金はあと払い。商売はこまあが、やっぱり、ええネタモトをつかんどかにゃあならんのう。

わしの場合、小名田の本家（窯元）の関係があったりして、その点でも恵まれとった。葉書で連絡するだけで、なんぼでも荷造りして旅先まで送ってくれた。ああ、ビタのたてかたも自分次第じゃ。誰が、切符を買うたり旅館を予約してくれるかいの」

利兵衛の足跡は、ほぼ全国に広がっている。

ずっと長く通いつめた土地もあれば、わずかな回数しか行かなかった土地もある。だから、ここに利兵衛の年次ごとの足跡をあげることはむずかしい。

ただ茶碗屋に限らずテキヤの旅は、ほぼ年間の行程が定まっているものである。

毎年、正月が明けたころ（正月はそれぞれに各地に散って商売をしている例が多い）、一家ごとに新年会と称する年次総会がある。もちろん、慰労や親睦を主目的としたものであるが、そのとき新しい組合員に対する盃事（親子盃）などの比較的簡単な儀式があわせて行われる場合もある。

まず、そこで、一家の年間行事の確認がなされる。たとえば、その一家がとりしきる高市《たかまち》の確認がなされる。毎年のことで、それぞれにわかっていることだが、念のための確認が必要なのである。というのは、そのときは、各人が地元に居残るのが原則とされるからである。そこで各人が店を張るのもよいが、一家とすれば、各地から集まる同胞を受け入れて高市を成立させるための人手の確保をしなくてはならない。

ただし、現在（一九八四年当時）の長瀬忠雄を頭とする本家熊屋駄知《だち》分家（大黒屋の後身）の場合、一家がとりしきる高市が年六度あるが、必ずしも組合員全員が居残ることはない。特に茶碗屋は、いずれの高市も駄知を中心とした陶磁器の窯場近くであることから、そこで露店《みせ》を張ってもほとんど無駄になるので、必要な役以外は居残る必要がない。他に商売に出てよいのである。

しかし、四月に多治見（当時は第一土・日曜。以下、曜日等は一九八四年当時のもの）、瑞浪（第二土・日曜）、土岐《とき》（第三土・日曜）と続く陶器市には、茶碗屋は顔を揃えなくてはならない。もちろん出店するかしないかは個人の自由であるが、陶器市は東濃地方の伝統的行事と化しており、遠方からの買物客も多いので、名誉と商売の両面からほぼ全員参加となるのである。九月第三土・日曜の瀬戸（愛知県）の陶器市への出店も同様である。

そうした、地元の高市の日程の確認が行われるのである。

あとは、それぞれが年間の高市巡りの計画をつくる。それは、全国、あるいは地方ごとの『高市帳』（不定期発行）や各種の『暦』を参考にするが、何年かテキヤ稼業を送っているうちに、ほぼ高市をつないで歩くコースが決まってくるものだ、という。

新年会では、そうした各人の年間の予定を述べる義務があるわけではないが、だいたいの情報を交換することになる。たとえば、小さな高市に一家内の茶碗屋が何人も寄ってもしかたがないので、その程度の調整は必要なわけである。それに、親分は、全員の計画と行動を知っていないといざという場合に対応ができないので、どうしてもこうした機会に各人から年間計画を聞いておくことになる。といっても、ほとんどは、前年に同じということですむのである。

これを利兵衛について見てみることにしよう。

六〇年間にわたる旅のうち、比較的よく足を運んだ土地をつないで語ってもらえば、以下のようになる。

「正月明けて、一月、二月は、ほとんど動かんのう。寒いし、人がよけい出る高市があらあせんが。

じゃが、旧正月になると、挙母《ころも》（現豊田市）の陶器市がある。これは、織田信長が許可して始まった市じゃそうで、わしらワンチャ（茶碗屋）にとっては、挙母の陶器市が毎年の仕事始めのようなもんで……。それから、節分（二月三日前後）には名古屋の大須《おおす》（観音）に出たりした。西大寺《さいだいじ》（岡山県）の会陽《えよう》（二月一四日）にも一回だけ行ったことがある。それから、若い時分は、ちょっとでも暖かい方へと思うて、四国や九州に出たこともある。そのときゃあ、高市に出るんじゃあのうて、寺とか民家の軒下を借りて一週間ほどずつ店を出した。

まあ、わしらの商売は因果なものよのう。ビタ（旅）に一か月、二か月と出んとなると、何となしに落着かんでのう。ビタではまめに動くが、家では何にもせん。何にもせんで十日もおったら、おかしな気分になってくるがの。それで、どっか探してでも出てゆくことになるんじゃのう。

六〇（歳）を過ぎてからは、二〇年ほど、ほとんど一年中大津（滋賀県）に行っとった。浜大津に家を借りて、露店とはいうても、まあ店もちのようなものじゃったの。バサも、ほとんど打たなんだ。一月の二〇日ごろから大津へ行って、それから時どきに行ったり来たりで……。歳をとって無理をすまいと思うたんじゃが……。大津じゃあ、ほとんど儲けが出なんだのう。

この商売は定年がなあがの、何でも若あうちじゃて。

三月になると、雛市が始まる。ありゃあどうしてかいのう、関東に雛市が多かった。西の方には、雛市というのがあんまり立たなんだように思うがの。埼玉県によう行った。三月一日から五日が岩槻《いわつき》、行田《ぎょうだ》、そのあと八日が久喜《くき》と蕨《わらび》、それから川越とか飯能《はんのう》と続いて、四月六日が春日部。ほぼ、一か月間は埼玉県の南の方をつないで歩くことができた。熊谷《くまがや》とか大宮は、月が遅れて五月一〇日に市《いち》が立った。関東大震災（大正一二年）までは、ずっと一〇年間ほど通うたのう。それからあとは、行っとらん。

昭和になってからは、三月は、彼岸の高市（二一日前後）を目安に歩くことになった。浜松や名古屋の別院（東別院）に行ったのう。別院の彼岸市は一週間続くもので、ワンチャだけでも三、四筋、三、四〇軒が並ぶ大きなものじゃった。

四月は、ここ（東濃地方）の陶器市がたて続けにあるわいのう。

五月、六月は、新潟から佐渡方面へ一旅《ひとたび》（一か月）出る。梅雨の時期はうっとうしゅうてかなわんし、雨が降りゃあ人も出てこんが、越後はどういうわけか雨が少なかったように思うがの。佐渡は、わしが好きな土地の一つじゃった。理屈をこねりゃあ、人が好《え》え、酒が美味《うめ》え、魚が美味えということになるがの、そういう理屈にゃあいえん気分の好えところじゃったのう。

七月から八月にかけては、これも一旅、東北へ出てゆく。東北は、わしが歩いとるころは全体に鷹揚で、ワンチャで行く者も少なかった。夏祭りをねろうて行くんじゃがの、やっぱり仙台の七夕（現在は八月六―八日）と秋田の竿燈《かんとう》（当時は八月五―七日）をはさむことになる。まあ、有名な祭りというのは、にぎわうばっかりで、あんまり売れんがね……。津軽のねぷた祭りまでは行かなんだなあ。

仙台の七夕と秋田の竿燈の前後は、そりゃあ、適当につなげるさ。ヒラビ（平日）は、天童（山形県）、湯沢、横手、大曲（秋田県）あたりに行けば、それこそ適当に売れるもんじゃよ。セト（磁器）がまだ十分に出回っとらなんだからのう。ただ、あんまり田舎《いなか》までは入れん。東北の村は、あっちこっち散らばっとって、家と家、村と村が遠かったもんなあ。町に店を張るに限る。

わしはあんまり行かなんだが、八月の盆（旧盆）前に京都の五条坂の陶器市に出るワンチャも多い。あそこにゃあ清水焼《きよみずやき》があるわの。清水焼が通りの片側に並び、わしらがもう片側に並ぶ。人出が多いが、何せ京都の夏は暑うてのう……。

九月、一〇月、一一月は、だいたい中京地区におったのう。九月一五日（一九八四年当時は第三土・日曜）の瀬戸の陶器祭りが目玉じゃし、秋の彼岸にはまた別の高市があるし、一〇月からは秋祭りがあるがの。中京地区というても、実際には、滋賀県、岐阜県、愛知県、三重県、長野県、静岡県あたりをつないで歩くことになる。この範囲なら、わしらにとっては近まわりということになるんじゃわのう。いまなら、自動車で直ぐじゃ。

自動車といやあ、ワンチャは自動車を使うんが早かったぞ。わしは、残念ながら運転せんままに終わったが、わしらより一回りほどあとの連中は、昭和二七、八年（一九五二、五三）にはもうだいぶ乗っとったがの。バタバタバタバタうるさい音をたてて走る三輪車で、まあ、いまの耕耘機のようなもんじゃのう。風よけのガラスが正面にあるだけで、天井もなあ型じゃったが、それでもネタ（商品）を積んで思うように運べるんじゃから、便利なことよのう。みんな、陽に焼けたりほこりまみれになって、鼻高々で田舎道をころがしとった。

一二月がまだ残っとるじゃと？

まあ、そう急《せ》かすな。

暮は、歳の市が立つのをねらう。若い時分には、関東へよう行った。歳の市も、関東に多いがの。そうそう、ドエ（東京）のガサ市がある。それでも、ガサ市なんかへは行かんぞ。ガサ市というのは、正月の飾りものを売るだけのもんで、注連《しめ》飾りの藁《わら》がガサガサ音をたてるからガサ市というらしいが、ワンチャの出る幕はなあがの。それよりも、雛市と同じように埼玉県の南部をつないで歩く。一二月一〇日過ぎになると、大宮の氷川神社、浦和の調《つき》神社、与野の一山《いっさん》神社と次々に大祓いの式があり、それに高市がついとるがの。

それから、ついでに正月も、大きいお宮で、縁起物のセトを売ってから帰ることが多かった。正月の縁起物というのはじゃの、左馬《ひだりうま》の絵を描いた茶碗、干支《えと》の飾りもの、土鈴なんかのことじゃ。いまでは、神社でもたいそう売ってござるが、昔はわしらの正月ネタじゃった。

そんなとこかいのう。日記でもちゃんとつけとけば、もうちょっと確かに話せるがの。わしらは、帳簿も日記もつけとらあせんがの。最近は、露店商のような零細な商売人も、税務署への申告やら何やら厳しいらしゅうて、ワンチャもみんな帳簿をつけとるらしいが、わしらの世代はとても、とても……」

利兵衛の話からもわかるように、彼らは、概して冬は温暖な土地へ、夏は冷涼な土地へ動く習性をもっている。もちろん、高市がいつどこに立つかが第一の問題で、それをいくつかつないでみないことには方向も定まらない。

そして、高市をつなぐことだけで一か月単位の一旅を組むことがむずかしい場合は、高市と高市の間に、ヒラビ（平日）の露店が張れるところをはさんで歩くようにした、という。ヒラビの露店というのは、最近、おもに都市や都市近郊の空地《あきち》やスーパーマーケットの一角などで、「産地直送」という旗を立てて陶磁器を売っている例、といえばおわかりいただけるであろうか。利兵衛たちは、その原型ともいうべき小規模な露店をあちこちで張ってきた。二、三日の場合もあれば、一週間、一〇日間以上も居すわる場合もある。

そうしたヒラビの露店を張るとき、収穫期とか漁獲期を考慮して土地を選ぶことが大事であった。その土地に現金収入が多い時期が、利兵衛たちテキヤにとって商売がしやすいのである。その点、都市は給与所得者が多いので年間を通じて露店が張りやすかった。といっても、その場合も、一般的な給料日のあとをねらうのが常套であった。

あたりまえ、といえば、あたりまえのことであった。ちなみに、利兵衛の口ぐせも、〝あたりまえ〟という言葉であった。

「わしらは、あたりまえの人間で、あたりまえの商売人で、あたりまえのことをして渡世をした」

くだんのごとし、である。

利兵衛、風土を語る

旅は、良きにつけ悪しきにつけ、見聞《けんぶん》を広め人情を知る、格好の機会である。

かわいい子には旅をさせよ

旅は道づれ　世は情

右のような諺が、日本人の旅の目的感覚をよく表わしているのではなかろうか。実は、この二つの諺のもとは、筆者の調べえた限りでは、万治元年（一六五八）に浅井了意の著した『東海道名所記』あたりが事の始まりのようである。その巻頭に曰《いわ》く――。

「いとほしき子には旅をさせよといふ事あり。万事思ひしるものは旅にまさる事なし。鄙《ひな》の永路《ながぢ》を行過るには、物うき事、うれしき事、はらのたつ事、おもしろき事、あはれなること、おそろしき事、あふなき事、をかしきこと、とり〴〵さま〴〵也。人の心もこと葉つきも、国により所により、をのれ〳〵の生《むま》れつき、花車《きやしや》なもあり、いやしきもあり」

こうした日々感受する変化、日常性との差異への驚きこそ、旅の醍醐味といえよう。利兵衛たち茶碗屋は、旅の玄人《プロ》である。旅を重ねたあげくに知った地方ごとの風物や人情については、かなり真実真相をつかんでいるはずである。

「じゃから、ビタ（旅）をしとると、おもしろいことがある、と言ったろう。日本は小さな島国というても、縦には長い。なにせ、北海道から九州まで汽車で通した旅行をしてみるならばじゃ、何日かかると思うかのう。あんたらは若いでよう知らんじゃろうが、昔は、仙台発、東京、大阪経由鹿児島行なんて汽車があったがの。三日三晩かかって、真黒になって移動しとったもんじゃ。わしは、外国のことはよう知らんが、こんな長あ国は、そうよけいはなあんじゃあないかのう。日本民族は一つ、日本語も一つというがの、これだけ縦に長あ国じゃもんの、北と南じゃあ、えらあ違うわいの。

まあ、大ざっぱなところで、わしらは、伊吹山《いぶき》が境のように思うとる。ああ、近江（滋賀県）の伊吹山。よう天下分け目の関ヶ原というが、そのとおり。伊吹山のちょっと東が関ヶ原じゃもんの、あのあたりで天下の情勢が変わろうというもんじゃよ。伊吹山を境にして東と西では、人情も言葉も、えらあ違う。たとえば、こういうこっちゃ。

わしが印物屋《しるしもん》のころ、ほんまに商売のはじめのころじゃがの、酒屋から注文をとった貧乏徳利を納めに行く。たいがいは鉄道便で送っとくんじゃが、送りっ放しにはゆかんから、荷が届いたころ、枡《ます》とりをしに行くんじゃがの。

枡とりというのは、徳利が確かな品かどうかの確認をするわけで、何本かの徳利を抜き出あて、水を入れて計るんじゃがの。そうそう、入れた水を一升枡に移し替えてのう。そのとき、東の方じゃあ、枡目より多い容量がありゃあ喜ばれる。一升徳利なら、一升一勺入るものでもええ。それが、あんた、西の方に行きゃあ、枡目を切るような小ぶりのものでなけりゃあ買うてはもらえん。枡目より大きいものは、問答無用とはねられる。特に、大阪あたりの商売人は、厳しいもんじゃわのう。

大阪と同じように商売相手が一筋縄じゃあいかんのが、近江（滋賀県）、紀州（和歌山県）、それから、四国の阿波（徳島県）。あそこらあたりの人間は、枡目より大きい徳利なんかは絶対に買うてはくれんのう。

というても、酒屋も商売じゃからのう。一升を切るぐらいの量を売るのが常套ではあるがの……。わしらも、どっちかというと、それに近あバイ（商売）をしとるわけじゃから、東の方の商売人がええとは言わん。塵《ちり》も積もれば山となる、というじゃろうがの。そうした小さいことが、商売の基本《もと》じゃから、どっちがええ悪いの問題じゃあなあのう。

セト（磁器）の絵柄を見る眼も、東の人間と西の人間じゃあ違うのう。

そりゃあ、わしらがバイをするのには、東国を相手にしたほうがええわのう。絵柄が少々古かろうが、線が少々薄かろうが濃いかろうが、あんまり文句が出てこん。よっぽど形が歪んだり艶釉《つやぐすり》（磁器の表面を覆う透明釉）がはげたりしとらん限り、ネタ（商品）として見てくれるがの。極端に言うてしまえば、白うて硬うて艶がある器なら、絵柄は二の次じゃ。真っ白というのも仏様の器のようで何じゃから、適当に絵がついとりゃあええ……。東の方へ行きゃあ、特に田舎へ行きゃあ、そういう鷹揚な眼で見る客が多いのう。

それが、西の方へ行きゃあ、そうはいかんわいのう。大阪は先にも言うたとおりじゃが、近畿、瀬戸内、九州と、みんな絵柄について一講釈しよる。まず、色が薄かったり線が欠けとったりしたら目ざとうに見《め》っけて、すぐ値切ってきたりする。それから、絵柄が古くせえの泥くせえの、派手じゃの地味じゃの、ゴソゴソ言いだすがの。いや、まだある。印版《いんばん》（凸型）や転写《てんしゃ》（銅版転写）の絵柄と筆で描あた絵柄とを見分けて、印刷したものをけなしたりする客もおるのう。

そんな客を前にしては、バサのタク（叩き売りの口上）も、聞きゃあせんがの。わしが、あんたにはじめ言うたことじゃが、わしらが子供の時分にゃあセトなら何でも飛ぶように売れたという話……、覚えてくれとるかの。その話も、本当は東の方を向いてのことで、西の方の人間は、そのへんがちょっと進んどったわのう。

有田《ありた》物《もん》（焼）が先に出回っとったからのう。山の中は別じゃが、里《さと》のちょっとした家なら、美濃物《もん》が出る前から有田物の茶碗や皿を五枚や六枚は使うとったはずじゃ。いつごろの有田物か、江戸時代か明治のはじめごろ……。いずれにしても、印版や転写が始まる前の手描きの染付けで、そんなんがなじんどる。あのころの有田物は質がええからのう。特に、絵付けの筆運びはたいしたもんで、このごろ美濃でも古い有田物の絵柄を教科書にしたような呉須の染付けができとるが、とても及ばんわのう。

ああ、わしは、有田物もよう見とる。広島県の福山から尾道、それから瀬戸田（大三島）にも渡ってバイをしたが、あそこらあたりの古い家はたいした器をもっとる。瀬戸田の、たしか堀内というたが、大きな回船問屋じゃった。まあ、特別な金持ちではあるが、そこの蔵をのぞいたときは、たまげたぞ。四、五段の棚に、食器の箱がびっしりと積み上げられておった。塗りもの（漆器）もあったが、古い有田の染付けが多かった。山水とか唐草とか、そりゃあええ絵柄のものじゃった。呉須の深あ青が、何ともいえん美しい色じゃったがの。昔の食器には箱書きがあって、ああ、そうじゃ、〝染付皿二十人前〟とか〝会席膳二十人前〟とか書いてあって、たいがい買うた年が書あてある。たしか、宝暦とか天保とかいう年号があった。いつごろかのう、そうか、二〇〇年も前か……。

特別な家といえばそれまでじゃが、それでも、東国で何ぼ金持ちじゃいうても、それほどのものはもっておらんがの。

西の方の人間は、多かれ少なかれ、そうした有田物を知っとるから、あとからわしらが持って下った美濃や瀬戸物《もん》にケチをつけたんじゃのう。美濃や瀬戸の製品は、西の方では〝下《くだ》り物〟と呼ばれてのう、有田物とは区別して見られたがの。じゃが、有田物に比べると下り物の値段ははるかに安いから、それを武器にわしらは西国でもバイができたんじゃの。そういう意味じゃあ、一般の家庭を相手に、なんぼでも売る余地はあったわのう」

利兵衛の話は、ともすると、やきものに戻ってゆく。

利兵衛の観察はさすがに鋭いものがある。有田皿山（佐賀県）で始まった磁器の製造技術が、やがて全国各地に伝播したことはすでに述べた。そのなかで、巨大化した産地が、有田、瀬戸、美濃である。以来、その白く艶やかな薄手の器はわれわれ日本人の食卓を飾ることになったのであるが、有田焼の磁器は概して高級品の印象を強めていった。もちろん、それは、技術的に完成度が高かったからである。たとえば、素地を純白に焼成する技術がそうであったし、筆を用いての細密な絵付けの技術がそうであった。有田では、緻密で繊細な技術を高めていったのである。

一方、瀬戸や美濃でも、技術的に高い水準に達したのであるが、有田焼に比べると、やや大味《おおあじ》な印象の磁器を量産することになった。しかし、近代化への転換は機敏で、鋳込《いこみ》成形や転写絵付を早々と定着させた。

鋳込というのは、泥漿《でいしょう》（液体状に溶かした原料）を石膏型（二つ以上に分割した外型を合わせたもの）に流し込んで成形する技法である。型を回すことによって泥漿が少しずつ固まりながら型の内側に満遍なくはりつくわけで、さらに乾燥させると素地が縮むので型からは簡単にはずせる。これだと、轆轤《ろくろ》上の専門技術は不要となる。同様に、転写絵付も熟練した筆さばきは不要である。いうなれば、型や印刷絵を器面に貼りつけて写し絵をするわけで、臨時雇いの女性の作業で十分である。

鋳込成形や転写絵付は、もちろん作業を大幅に合理化して量産体制を進めるもので、その結果は生産単価を安くすることになった。が、品質という点においては、特に外観の美的評価の面からは、少々問題を残していた。型の継ぎ目が残ること、絵の型ずれがあることなどである。何よりも、画一的であるので、雅味には欠けていた。すでに、古い有田焼などになじんだ人には物足りなさを感じさせるのも道理といえば道理であった。

かくして、利兵衛たち美濃の茶碗屋の足は、おもに東日本の各地に散っていった。

東の女、西の女

「西国が進んでいて東国が遅れとるとか、東国の人が良うて西国の人がスレとるということは、うっかりは言えんがの、まあ、学のなあ茶碗屋の眼から見たことと大目にみてくれんかのう。

バイ（商売）は、そりゃあ東の方がやりやすかったわのう。人がええというか、セト（磁器）についてはトロかったから……。

それでも、いちがいにそうともいえんかのう。というのはじゃ、東の方の人間は決断が遅いがの。わしらのバイは、おもに主婦が相手になるわのう。高市《たかまち》あたりなら、相手も買う気でござっとるで売りやすいがの、ヒラビ（平日）に売るときにゃあ、最終最後の決断をしてくれんわいの。たとえば、夕暮れに、こっちも早うしまおうと思うてバサ（叩き売り）打ったり、近所の衆にナキ（泣き＝つきあい買いを乞うこと）を入れても応えてくれん。冷淡なんじゃあない。こっちの言うことは一通り聞いてくれる。そのあげく、〝父ちゃん（主人）に聞いてみんと……〟なんて言うて、要するに、決断が遅いんじゃのう。

いや、決断が遅いんとも違う。東の方、特に東北のおかみさん連中は、平常は銭《ぜに》を持たされとらんのじゃのう。親父の方が財布の紐をしっかり握っとる。それで、高市なんかの行事のときだけ銭を渡される。子供と同じことよのう。昔の女は、そうしたもんじゃった。

そりゃあ、西の方でも、嫁のうちは財布は持たされとらん。じゃがのう、そうしたこまあこたあ、この際言わんでくれ。わしゃあ、学者じゃあなあで。

東の方の主婦に比べて、西の方のおかみさん連中は、銭については自由裁量の幅が大きい。いちいち親父の顔色をうかごうてはおらん。決断が早いんじゃのう。

ヒラビにバイをしてみたら、そうしたことがわかる。

ドヤ（宿）を決めるときにも、そうしたことがいえる。ああ、ドヤというても、旅館じゃあない。わしらのビタ（旅）では、農家やお寺に泊めてもらうこともあるがの。そんなとき、〝今晩泊めて下さらんか〟と問うても、東の方では主婦の一存で決まることはまずなあがの。十中八、九、親父の方に決定権がある。ところが、西の方では、主婦がええと答えたら、親父の諒承は後まわしでも事が進むがの。

こりゃあ、人情とは別かもしれん。わしらは、民家に泊まっても、旅館代と同じぐらいな金は置くんじゃからのう。

いやいや、あんた、いま言うた主婦というのは、ばあちゃんのことだぜ。誰が新嫁さんに向って、〝今晩泊めて下さらんか〟と言うかいの。東でも西でも、断られるのは目に見えとるがの。ドヤを頼むのは、年寄りも子供もおる大家族に限る。警戒心をもたれたり、万が一の間違いがあったら困るでのう。

特にわしらのような旅回りの職業は、スネ（素人）のナオン（女性）との間違いは気をつけなぁいかんのう」

利兵衛のそうした話を聞いて、筆者は奇妙な符合に驚いた。筆者が師事した民俗学者の宮本常一がかつて話してくれた内容と一致するからである。

ちなみに、宮本常一は、昭和一〇年ごろから先年（昭和五六年）没するまで約半世紀の間、民俗調査で日本中を踏査している。足を踏み入れてない都道府県は皆無、たぶん市町村の大半にその足跡を残している。その学問的な業績はもちろんであるが、利兵衛らと同等に稀代の旅人として高く評価されるべき存在であった。

その宮本が、西日本の女性は概して自立心が高い、と語ったことがある。宮本も、その旅のなかで方々の民家に宿を求めており、東と西では明らかに主婦の対応が違っていた、というのである。

なお、宮本はその理由を分析して、西日本では古くから多角的な生活経営の方法が開けており、主業の農業や漁業に夫を補助して携わるとともに、主婦は主婦なりに家まわりの畑に芋や豆を栽培したり、独自に柿や梅を採集調製して換金することができたから、とも言った。それに対して、東日本の農村部は稲作中心の単一的な生活形態が長く続き、その収入は戸主に一括管理されるところとなった。それに、夫を立てて妻は表に出ないといった近世武家社会での家訓は、一般的に東日本に定着している――と、そんな意味のことを宮本は語ったのである。

それが、的を射た分析であったかどうか、また、筆者が宮本の見識を正しく書き伝えることができたかどうか。それはともかくとして、筆者が知る稀代の旅人二人の話が符合することは、ある種の真実を語るものとしなくてはならないだろう。

利兵衛の回顧が続く。

「大ざっぱに東国と西国の違いを言うたが、わしらのバイ（商売）からすると、もうちょっとこまこうに地方ごとの特徴がでてくる。特別の地方にしか売れん特別のネタ（商品）があるでのう。

たとえばじゃがの、越後の西の方では袋物《ふくろもん》がよう売れる。土瓶《どびん》とか急須とかのう、それも、小さあ煎茶《せんちゃ》用の土瓶や急須がよう売れる。あそこらあ、お茶をよう飲むところじゃからのう。冬に雪が積もってからは、茶ばっかり飲んどる。そうそう、漬物《つけもん》を菓子代りにして……。茶を飲むことは珍しゅうなあというても、あそこらあ特別で、上等の煎茶をよう飲む。それで、小さあ煎茶器が要るんじゃがの。六月に柏崎で閻魔《えんま》市《いち》が一週間あるが、そういうときは袋物が目玉商品になったのう。美濃焼だけじゃあのうて、万古《ばんこ》（三重県四日市を中心に焼かれる朱泥の陶器）も持って行ったこともあるよ。

煎茶を飲む習慣をもっとる土地は他《ほか》には中国山地、岡山県から山口県にかけての農村もそうじゃがの。じゃが、あっちの方は備前焼とか萩焼とかの土物《つちもん》（陶器）が好かれるからのう。たぶん、越後なんかより古うから煎茶を飲む習慣ができとったんじゃろうのう。ちょっとした家なら、備前焼や萩焼のええ煎茶器をもっとるわい。そういうところでは、新参の美濃焼はなかなか売れんがの。

同じように、会津若松（福島県）というところも、ようお茶を飲むところじゃのう。持って行きゃあ美濃焼も売れんことはない。じゃが、あそこには本郷焼というセト

（磁器）があるがの。その本郷焼といえば、袋物を売りものにしとるんじゃからのう。東京に出とる袋物のほとんどは本郷焼じゃあなあかの。そないなところでは、やっぱり、よけいは売れんのう。

あれかいのう、煎茶のような上等の茶をよう飲むところは、京都のお公家さんの影響でもあるんかいのう。だってそうじゃろう。越後の柏崎は松平様の領地で、会津も松平様の領地で、中国地方も元をただせば毛利様の領地じゃったろうがの。みんな、京都のお公家大名じゃあなあかの。わしらは、学問はなあが、そう思えるのう……。

それからのう、ネタからすると、北陸も特徴があったのう。生盛《いけもり》という皿が売れた。直径が四・八寸から五寸（一寸は三・〇三センチ）のちょっと深あ皿で、縁が菊の花のように波形で、転写か摺絵《すりえ》の模様がついとった。もともと、四国の砥部《とべ》（愛媛県）で重ね焼き（皿を直接重ねて焼くため皿の中央に無釉部分が輪状に残る）の生盛ができとったがの、駄知《だち》（岐阜県）でハマ（皿と皿の間に置く台で、これを用いて焼くと皿面には足の部分が小さな点でしか残らない）を使うて焼きだあたんで、一時《いっとき》評判がようてのう……。

あちらじゃあ何じゃぞ、この生盛一枚《いちまあ》でいろいろに応用しとったがの。正月の雑煮も、丼《どんぶり》（鉢）じゃあのうて、生盛に入れる家があった。ああ、餅を三枚も入れたら、汁はほんのちょっとしか入らん。それでも、所どころじゃて。蕎麦《そば》を入れるのもこれ、鮓《すし》（なれずし）を入れるのもこれ。もちろん、おかずもみんな生盛に入れる。一人前《ひとりまえ》の食器いうたら、茶碗一つ、生盛一、二枚で足りとったんじゃのう。しまいにゃあ、あれやこれや形や用途が違う皿が普及するようになってから、これはおかしいことじゃが、生盛は犬や猫の餌入れとしてよう使われたもんじゃった。いや、ほんとにそうじゃよ……」

利兵衛が語る地方ごとの特色は、特に筆者の興味をそそるものであった。それは、食器にからんでの食習慣の違いを物語るものである。もはや、民俗学といってもよい。

盃の仲人を務める

ここで話題を変えてみる。

「どこがいちばん人情がええかじゃと？

そりゃあ、むつかしい。過ごしてみりゃあ、みんななつかしい土地で、人情もよかったように思えるがの。

それでも、印象のええ土地はある。わしと、わしのバイ（商売）と、その土地との相性がええ土地という意味で、わしの好きな土地がいくつかある。

青森県の大湊（むつ市）、佐渡（新潟県）、山陰の鳥取、島根……。

特に、佐渡はよかったの。風景、人情、酒に魚（肴）……。

それから、わしの顔がいちばんきいたところじゃから、バイがやりやすかった。

というのは、自慢話になるがの、わしが三四（歳）のとき、盃の仲人《ちゅうにん》（媒酌人）をしたからじゃ。両津の中川屋に泊まっていたら、江戸屋という別の旅館から使いが来ての、ズキサカ（盃）の仲人をしてくれと言うた。

もちろん、神農盃《しんのう》（襲名盃）のような大きな盃じゃあのうて、仲直り盃というズキサカじゃった。地元の若あ衆と、北陸からバイに来とった若あ衆のゴロ（喧嘩）の手打ちじゃった。それでも祭壇や供物に間違いがあったらいかんし、作法や挨拶に狂いがあったらいかんしのう、どんな略式のズキサカでも仲人が大役であることに変わりなあがの。

わしは、仲人をするのは初めての経験じゃった。だいたい仲人は、家中外の第三者に頼むもので、この渡世でそれなりの経験を積んだ者の役じゃがの。なかには、大役が果たせるかどうか試したり、恥をかかして嫌《いや》がらせをすることもあるからの、わしの場合は歳も若かったし、嫌がらせ半分で頼みにきたのかもしらんのう。

じゃが、わしは、ちゃんと仲人を務めたさ。膝は少々ふるえたがの、度胸をすえて眼を正面に向けて、ゆっくりしっかり口上を述べれば、ちゃんとできる。いざというときが、男じゃがの。

そうしたら、以後、その一家のニワバ（庭場）内では、高市《たかまち》であろうがヒラビ（平日）であろうが、下《した》に置かれることはなあがの。いちばんバイがたてやすい場所へ、ちゃんと通してくれるわいの。おかげで、佐渡だけじゃあのうて、新潟県下一円でわしの顔がきくようになったがの。

まあ、バイが上手《うま》あことといきゃあ、わしらにとって、そこはええ土地となるわのう。

山陰も、よかった。

山陰は住んどる人は少なあが、気質が昔かたぎというか、人情に厚うて義理がたく、よう売れたところじゃのう。

〝石州女に子を孕《はら》ましても、安芸女には手を出すな〟という諺を知らっしゃるか。ああ、中国山脈をはさんで、北の石州（島根県）と南の安芸（広島県）とでは、人情がえろう違うとる。

たとえばの、バイにしても、石州では、空地や軒先を借りた家や泊めてもらった家で、必ず何かを買うてくれる。こっちがお札を出さにゃあいかんのに、二〇人前とか三〇人前とか茶碗や皿を買うてくれるがの。それに、親類、縁者まで集めてくれる。また、どっかの家に泊めてもらうとするじゃろ。そうすりゃあ、一晩や二晩のことじゃからというて、まず金は受取らん。発《た》つときにゃあ、たんと弁当を持たせてくれたりする。

そんなんじゃから、万が一に石州女と間違いを犯したとしても、追っかけてこらっしゃらん、と思うのう。いや、わしに体験があるわけじゃあなあよ、絶対に。じゃが、子は天からの授かりもの、とか言うて、その女にも辛うあたらず、みんなで育ててくれるんじゃあなあかの。そういう人情がある。ああ、石見大田《いわみおおだ》から浜田、益田、津和野、それから山を越えて山口県の徳佐盆地から岩国の北の方へかけて、人情が厚いところじゃったのう。出雲はちょっと違うがの。

それが、安芸や備後になると、まるで反対になる。石州に近あ山ん中はまだしも、瀬戸内側の人間は悪《わり》いわのう。前に言うたことじゃが、ネタ（商品）に難ぐせをつけるわ値切ってくるわ……。空地や軒先を借りると、まあだいたい金をとられるし、ひどいのになると、井戸水を使わせてもろうただけでも何か置いていけ、とねだってくる。なるほど、安芸の女に手を出したら、えらあことになる、と思わすわの。

こりゃあ、昔の話だぞ。いまじゃあ、日本中どこも同じようになってきた。人情があるといえばどこにも同じように残っとるし、薄情になったといえば一律に薄情なようでもあるし……」

これもまた、興味深いことである。

奇妙な符合が重なる。野田泉光院の紀行文の記述と一致するのである。

野田泉光院は、日向（宮崎県）の佐土原の修験者で、文化九年（一八一二）から文政元年（一八一八）まで六年二か月の間、九州から東北までほぼ日本中をくまなく旅をしている。それは、名山霊跡を巡拝するのが主目的の旅で、道中では托鉢《たくはつ》や講話をして旅費をつくり、寺社や民家に宿泊寄食しながら歩を進めるものであった。なお、その旅の模様は、『日本九峰修行日記』に残されている。

そこに、次のような記述がみられる。長州（山口県）を山陽路沿いに上った泉光院が、文化一一年三月に安芸の宮島を訪ね、さらに、その足で広島城下から郊外の農村に立寄ったときのことである。

「宮島は至て霊場なれども人心は至て宜しからず、一文にても他国の物をむさぼり取るを手柄とし、義理も情もなき処也。木銭は一人前五十文宛取り乍ら朝暮汁も出さず、弁天は福を授け玉へども私慾は大方罰し玉はん、行末《ゆくすへ》長久なる家はあるまじくと思はる」

とはなはだ手きびしい。というのも、こんな経験をしているからである。

「此来栖《くるす》村より二里下《しも》に佐伯郡津田村と云ふ所あり皆々紙漉《かみすき》百姓也。或家に御免と云ひ立寄り茶一服と望む、（中略）一礼述べて立つ所へ娘立出て、茶代御遣《おんつか》はしと云ふて銘々より三文宛取る、在方にて茶呑むこと今迄三年の間に一軒も茶代取りたることとなし。先達《せんだつ》て芸州の人は人柄宜しからずと回国六部《かいこくろくぶ》の者より聞きしが相違なきこと也。百姓迄も斯の如し、まして町人に於てをや、備前法華に安芸門徒と云ふ尤《もっと》もなる哉」

広島のあたりは一向宗（浄土真宗）の門徒が多いところで、ただ〝南無阿弥陀仏《なむあみだぶつ》〟と念仏を唱えておればよいという考え方が顕著にあり、ほかに修行や行事をほとんど行わない土地柄である。従って、他からは、礼儀作法や人情を大事とせず排他的である、ともみられ、「門徒物知らず」などとやや批判的な意味を含めて呼ばれたりした。

そうしたところでは、真言系修験者の泉光院が喜捨を乞うて旅することは許容されるものではなかった。が、それにしても、泉光院の筆は辛辣である。泉光院の日記は、全体的に客観的であり筆運びが穏やかなので、よほど居心地が悪かったものと思われる。

なお、念のためにおことわりしておくが、筆者は、血縁者に安芸、備後の者が多いせいもあって、安芸という土地柄にもさほどの違和感はもっていない。そして、安芸を中心とした山陽路は、昭和三〇年来比較的よく歩いているところであるが、そこの人情に対しても特別に悪印象は感じていない。

しかし、一方で、石州の人たちの人情の厚さは、筆者の小体験を通じても十分に理解できることである。


たとえば、昭和四三、四年（一九六八、六九）のころ、三度ばかり石見焼の窯場を訪れた。そのとき、江津の郊外の農家に一夜の宿を求めたことがあるが、その家のもてなしは、若い旅人には分不相応と思えるほどの手厚いものであった。風呂あがりの筆者の脇で、老主婦が団扇《うちわ》であおいでくれる。主人が、きちんと正座して酒をすすめてくれる。その後に、若主人と子供たちが、これもきちんと正座して、筆者の話に耳を傾けていた。かといって、おしつけがましい、いんぎん無礼なものではない。自然と胸が熱くなるような夏の夜であった。

さらに、次の朝、駅まで見送りに来てくれた老夫婦が手渡してくれた弁当は、二重の折詰で、花見弁当や芝居弁当ほどに手のこんだものであった。お礼の言葉を重ねる筆者に、その老夫婦が言ったものである。そんなに気になさることはない、もし自分たちの子孫にふとどき者が出たらこれ以上に世間様《せけん》に手数をかけることになる、長い眼でみたら恩をかけたり受けたりで皆お互いさまですよ——と。

それは、たぶん、かつての日本人には広く共通したやさしさであっただろう。野田泉光院らの江戸時代の紀行文には、そうした人情もしばしば描かれていたりする。

それが、特に石見地方では顕著に伝わっている。他地方との比較という意味からすると、泉光院や利兵衛の石州観、それと比較しての安芸観にも一理があるだろう。

ともあれ、ここは、稀代の旅人二人の見る眼に素直に注目しておきたい。

旅の色と欲

茶碗が売れない

利兵衛の回顧談は続く。

しかし、過去は、とかく美化されがちである。苦労が自慢となり、憎しみも愛しさに転化する。

利兵衛の話に嘘があるわけではない。利兵衛自身、素直に足跡と心情を吐露してくれており、話は自然に流れている。が、自然に任せるだけでは、流れから漏れた話題はいつまでたっても浮びあがらない。結果は、きれいなライフ・ヒストリーで終わる。

利兵衛の話が一段落したとき、筆者は、はじめて話の流れを止めた。旅の失敗談を話してほしい、と頼んだのである。

「そうじゃのう。

旅では、いろいろなことがある。家に居《お》れば毎日が平々凡々に過ごせるんじゃろうがの、旅では、毎日が予期せんことの連続じゃ。おもしろいこともあるし、辛《つら》あこともある。そうじゃのう、頭をかかえるようなことも多かった。

わしも、いっぺんだけ、どうにも困り果てたことがある。

昭和五、六年のこと、正月をあてにして正月前に北海道は函館に渡ったときのことじゃ。

正月前は、どこでもよく売れる。それじゃから、だいたい半月とか十日《とおか》は一か所に居座って売る。それも、毎年、毎年、行く先はほぼ決まっとった。それまで、わしは、大宮（埼玉県）か湯沢（秋田県）に年末は出ていたがのう。そのときは、ちょっと欲を出して、北海道に行った。

というのはじゃの、そのころは東国にもセト（磁器）が出まわってきた。明治から大正時代にかけて、瀬戸からも美濃からも、おもに東へ東へと売ってきた。もちろんのこと、それより古くから有田物《ありたもん》もザカ（大阪）、ドエ（東京）あたりの都市《まち》を中心に、よう売られているからのう。それでじゃ、わしらも、北へ北へ足を延ばすようになった。それも、小さい町から村にまでのう。わしが、年末を越後から秋田に出るようになったのも、そんなことがあったからで、事実、行った先々でよう売れたもんじゃ。まだ、東北では、セトは上等な食器じゃったんじゃのう。

秋田で前の年によう売れたんじゃからそこへまた行きゃあよかったんじゃが、そこが欲の深あとこでのう。みんな競争のように東へ東へ、北へ北へ出とるんじゃから、少しでも早う先に基地をつくらにゃあならんような気になった。それに、やっぱし、初めての土地に行ってみたあがの。

函館駅止めで、貨車一台を送った。

そのころは、貨車一台単位で送ることは、珍しゅうはなかったのう。一〇トン車で四五〇俵。一俵に茶碗だと一二〇個じゃから、全部でどれだけになるかのう。荷の半分は茶碗と汁碗で、まあ、貨車一台を一旅《ひとたび》（一か月）のうちには売らんとなあ……。

函館に行ってみたら雪。あたりまえのことじゃが、あれだけ雪がありゃあ馬ソリが便利じゃのう。馬ソリを借りて、駅から港近くの空家《あきや》まで運んだ。わしは馬ソリに乗ったのは初めてで、ありゃあ痛快じゃった。

雪が降るんじゃから露店《みせ》は張れんさ。空家を一五日の家賃で借りた。港の近くはバイチ（市場）があって、人の出入りが多い。駅の近くより条件がいいがの。同《おん》じねらいがあったんじゃろう、近くにはランバリ（着物）やマコ（小間物）なんかのバイニン（行商人）も集まってきとった。

函館では、そこそこに売れた。二〇〇俵ほどかのう。

そこで売り続けてもよかったが、欲を出あて後半は札幌に出ることにした。函館より人が多いと思うたし、ランバリバイ（着物の行商人）が札幌の鉄道売店の内に場所が借りられるから行こうと誘うてくれたからのう。

そうじゃがの、ちっとも売れなんだ。人だかりが多いというほどはなかったが、人が寄らんわけじゃあない。はじめのころは、顔つなぎをしときゃあそのうち売れるじゃろうとタカをくっとったが……。そのうち焦りだした。十日を過ぎても、半分もさばけん。いまでも、どうしてじゃか、さっぱりわけがわからんのう。

人さえ寄ったら、バサ（叩き売り）を打ち、クギウチ（茶碗で釘を打つ手品もどきの販売方法）もした。ワレウチ（茶碗を投げつけて威嚇する方法）もした。それでも、売れんがの。なんで冬の北海道へ来たのか後悔したが、あとの祭りとはこのこっちゃ。結局、二〇〇俵以上も持って行って、七〇俵も残ってしもうた。

七〇俵というたら、あんた、大きな高市《たかまち》で三日ほどかかって売る量じゃもんなあ。儲けの予定分が、そっくり残っとるんじゃもん。もう続けて売る気にゃあならんがの。そうかというて、それだけの量を送り返すのも業腹《ごうばら》じゃしのう。

ところが、おもしろいことがあるもんだ。

札幌まで一緒に流れたランバリバイが、これもよけいランバリを残していた。行李に一〇杯も呉服がある。

その男は、甲州から来ていた。甲州のバイニンは、ランバリネタを持つ者が多いがの。ピンはスフ、人絹のランバリ、外套、帽子から、キリはメリヤスのシャツ、サルマタまで、ああ何でも持っている。そうそう、昔から西都商人《さいと》といって甲州のランバリのバイは有名じゃったよのう。東京でも、浅草橋あたりに呉服問屋がまとまってあるじゃろう。あそこらあたりも、西都商人が居ついたもんじゃがの。

その男はわしと歳格好が似ておったし、函館以来何日か一緒のところで寝泊まりしてバイをしとるわけじゃから、気心も知れてきていた。まじめな男じゃったが、おもしろい奴じゃった。

そいつが、暮もおしせまってきたからそろそろ店をしまって引きあげようかという前の晩、わしの部屋に酒を一本持って来て、〝どうじゃ、ネタ（商品）を交換せんか〟と言う。〝なんじゃ、ワンチャ（茶碗屋）のわしにランバリでバイ（商売）をせえとや〟とびっくりして言うたら、その男は平気な顔をして、〝どうせワンチャが茶碗売って儲からんのじゃから、ツキを変えた方がよかろう。自分のネタがさばけんのは業腹じゃが、他人《ひと》のネタなら気楽にバイができるじゃろう〃とぬかす。ありゃあ偉え《えれ》男じゃった。わしの沈んだ気分が、その一言でコロンとひっくり返ったがの。

人には添うてみよ、女には乗ってみよ、ホトにはマラを差してみよ、というてね。ハッハッハッ……。

ともかく、そいつが言うには、〃下北《しもきた》（青森県）の大湊（むつ市）に持って行ってみい、たいがいはさばける〃ということじゃった。それで、わしも、〃裏へ回って、秋田の湯沢に行ったら売れるはずじゃ〃と教えてやった。なんていうこたあない、ネタと一緒にそれまでの得意先をそっくり交換したわけじゃがな。

そりゃあ、大湊では売れたわのう。今年は呉服屋さんが来るのが遅い、というて待っていてくれるんじゃもんの。わしも、ランバリ屋になりすまして、はじめの半日ほどで行李一〇杯を売ってしもうた。

ビタ（旅）をしとると、おもしろいことがあるぞ、いろいろと……」

利兵衛の口調は、また滑らかなものとなった。

女を騙す話

「何じゃと？……。今度は女の話をせえじゃと？……。そんなん、素面《しらふ》で喋《しゃべ》らすんかの。あんた、若あのにええ度胸しとるのう。

このわしに、女の話をの……。困った。困ったの……。まあ、ええ。話してみるからの、こりゃあノートにとらずに聞いてくれんか。

わしらは、嬶《かかあ》とはほとんど寝とらんよ。そうじゃろうがの、一年のうち三分の一も家におらんのだぜ。若いころ、あっちの方も盛りのころは、バイ（商売）にも脂がのってるころじゃからの、若い者《もん》（内弟子）の二、三人は連れて歩いとる。若い者へのしつけもあるし責任もあるし、嬶を恋しがっとるわけにはいかあせんがの。旅を重ねて一年も家に帰らんことがあった。その間、嬶は、わしが葉書で通知するとおりに窯焼を回ってネタ（商品）を仕入れ、荷づくりをして駅止め便で送る。それから、家のこと、子供のこと、何もかも嬶がやる。

テキヤの女房とは、そうしたもんじゃがの。このごろはな、あの屋根のついた自動車（ワゴン・カー）を使うてビタ（旅）に出るから女房連れの者が増えとるが、昔はビタに出るのは男で、女は家で留守を守るのが常套というものじゃった。まあ、船乗りの女房と同じじゃのう。

それじゃから、言うたじゃろうがの。バシタトル（仲間の女房を盗《と》ること）は、わしらの渡世じゃあ御法度じゃと……。兄弟衆、お友だち衆が、亭主をビタに出しとるバシタ（女房）とねんごろになったら、わしらの渡世は成りたたん。というのも、バシタも、亭主の兄弟衆やお友だち衆にはつい気を許しがちじゃからの、特に間違いがなあように戒めにゃあなるまいがの。仲間の女房にはいついかなるときでも絶対《ぜったあ》に手を出したらいかん――そういう御法度を信用してわしらは嬶と別々に生活するわけじゃのう。

何じゃと?……。ネス（素人）の男が女房と通じたらどうするじゃと?……。そりゃあバシタトルの御法度は及ばんところじゃが、まあ、そんなこたああらあせんわ。テキヤのバシタはしっかり者が多いで、ネスの男の手管じゃあ落ちんわい。

テキヤのバシタほど貞操の固あ女はおらんがの。

バシタはそうじゃがの。男には好きな者もおるでの。堅物《かたぶつ》半分、助平半分。どこでもそうじゃが、わしらはビタに出るもんじゃで、旅の恥はかき捨てというか、好き者《もん》は好き者でえらあ磨きがかかってくるわのう。こいつらのナオコマシの手練手管は、また天下一品じゃがの。ナオコマシとは、女を口説いて騙すこと。ああ、そうじゃ、スケコマシとも言う。

　わしのことじゃあなあぞ。わしは、どっちかというと堅物の方じゃが、好き者には方々で会って自慢話をたらふくと聞いとる。いちばん印象が強いのは、そういうことが初めてじゃったこともあるが、五五、六年前、わしがまだ駆け出しのころ、埼玉県の熊谷《くまがや》でのことじゃった。ザカ（大阪）から来た男と一緒になった。高市《たかまち》でのバイも隣あわせなら、宿も隣部屋じゃがの。そいつは、わしよりも一回り歳が上の三五、六。名前は……、どうも思い出せんが、まあええじゃろ、仮に大阪とでもしておくか。

　その大阪が、部屋にナオン（女）を連れこんどる。どこでコマシたか聞かなんだが、歳は二二、三で、なかなかハクイ（美しい）女じゃった。じゃがのう、男にコマされる女は、だいたい二通りか三通りの型があるわいのう。そのナオンは、目鼻だちが整うてハクイが、目に落着きがない。しょっちゅう唇をなめたり、髪の毛をなでたりする。飯を食べるときは、ちゃんと座らずに尻をフニャフニャとして、箸を大儀《たあぎ》そうに口に運ぶ。まあ、こういう行儀の悪い型は、大阪のような男につけこまれるんじゃのう。男じゃって、コマす見こみのなあ女には声もかけんて……。

そういう女に限って、あっちの方はなかなか粘あらしい。男が、上手《うま》あこと仕こむんでもあるがのう。まあ、そりゃあ、毎晩毎朝、すさまじいもんじゃった。襖一枚《いちまあ》隔てただけじゃもんの、わしは、そばで見せてもらったも同然じゃった。ああ、二人とも、わしのことなどお構いなしさ。まるで、獣《けもの》じゃったのう、ありゃあ。

大阪はの、わしらバイをしとる仲間から、毎日チョウ（稼ぎ）を借り集める。わしは、はじめはびっくりして出し渋ったが、みんなが必ず元は返ると言うから従うた。大阪は、その金を女への見せ金にするんじゃのう。毎日それほどの稼ぎがあることを見せて、女の関心と信用を買うんじゃがの。それを、何日か続ける。

その間、女には何もさせせん。上げ膳、下げ膳、洗濯もさせず、欲しがるものは何でも買い与えてやる。女の虚栄心を満足させてやるわけで、そうすると、女はあっちの方へばっかり熱が向くらしいのう。それで、機を逃さず、獣並みの仕こみをする。どうも、それは、ナオコマシの常套手段らしいよのう。

そうしてコマシてしもうたら、ころあいを見計らって、男は女に泣きこむ。〝ここらで一儲けしたいと思うが、お前の承知のとおり何円しかない。もう何円あれば、何倍になって返ってくる。いまが最終最後の好機で、わしもここで勝負をかけんと渡世の顔がたたん。気の毒だが、ほんのちょっとの間、どこそこへ働きに出て助けてくれ〃というふうにのう。

わしは、それも隣で聞いたが、泣いたり、わめいたり、殴りつけたり、まあそれもすさまじいもので、芝居もどきにゃあ違いなあが、大阪の泣き落しには感心したもんじゃ。もともと、男のハッタリに騙されて男のドヤ（宿）に同棲するような女じゃがの。自暴自棄というのかのう、とうとう承知し、次の日からガセビリヤ（淫売屋）に行くことになった。こうして身売りさせることをオナチラシというわいのう。

もちろん、わしらが大阪に貸したチョウも返ってきたがの、ちょっと後味の悪い体験じゃった。

まあ、この大阪のようなのは特別な例じゃがの、昔、公然と売春が営業されとったころ（昭和三三年の売春防止法完全施行以前）は、わしらテキヤの中にもナオコマシやナオチラシを副業にしとるような奴もおったことは事実じゃのう……」

いま、筆者の手もとに、『香具師奥義書』なる古書がある。昭和四年（一九二九）

に和田信義が著した随筆であるが、特にそのあたりのことに詳しい。「香具師恋愛術」という付章がたてられているほどなのである。

それによると、主なものだけでも次のようなナオコマシの方法が抽出できる。

エンコヅケル（指を触れる、指を挿入する）、ヨツニカマル（強姦する）、ラリコ（夜《よ》這《ばい》をかける）、ツキ（意表をついて恩を売ったり恐喝をする）、モミ（賭博行為で騙す）などーー。

もちろん、それはテキヤ社会に限らず、他の一般社会でも多かれ少なかれ行われてきたことであり、決して特殊視すべきものではない。どんな社会にも、女性の敵ともいうべき悪徳男性は存在する。ただ、旅を重ね、地縁関係に薄いテキヤ社会には、はからずもナオコマシのような行為を生みやすい土壌があった。

そうしたことが、たとえわずかの例であったにせよ、テキヤという職能集団の社会的地位を高めることなく過させた一つの原因ともなったであろう。一般の人には、テキヤは恐ろしい存在と思われがちであった。それは、テキヤ社会にとっても一般社会にとっても、不幸なことであった。

もっとも、周知のとおり今日では、法例の改正や取締りの強化でそうした悪徳行為は厳しく戒しめられている。テキヤ社会でも、ナオコマシという言葉は死語に等しくなっている。

女に騙された話

「旅には、いろいろなことがあるわい。たしかに、きれいごとだけじゃあすまされん。へへ……。わしにも女の失敗が一度だけある。二四歳のことじゃった。もう六〇年も前のことじゃのう。

潮来《いたこ》（茨城県）の宿に泊まってのう、三日間で茶碗八〇俵を売った。茶碗なら、一俵で一二〇個は入るがの。じゃからの、一万個も売ったことになる。それも、値段をあんまり落とさんで売ることができた。そんなことは珍しいことで、思わん大金が入ってきたがの。

そのころ、あのあたり、土浦や潮来のドヤ（宿）には、どこでも一部屋に一人ずつ女を置いとった。遊郭ともちょっと違う、何というかのう、飯盛女のようなのがおったんじゃのう。もちろん、飯の世話よりも床《とこ》の世話して稼ぐんじゃがの。わしの部屋にも女がついたが、三日間指一本触れなんだ。わしは、バイ（商売）の途中では遊ばん主義じゃったし、女が気に入らなんだせいもある。

ところが、四日目の夜……。後始末してさっさと帰りゃあよかったんじゃが、そこに気の緩みがあったんじゃのう。金を持って、次の日も泊まることになった。そうしたら、その夜は、いちばんの姐御《あねご》株がグデングデンに酔ってわしの部屋にやって来た。それで、部屋に入るなり、蚊帳《かや》の外で寝てしもうたがの。

ああ、蚊帳が吊ってあったから、夏じゃったのう。わしは、蚊帳の中で寝ていたから、寝こみを襲われたことになる。年増じゃったが、ちょっと小股の切れあがった女でのう。そのドヤの中では、いちばんあかぬけた女じゃった。これが、くせ者じゃったんじゃのう。

わしも、バイは終わっとるし金は持っとるし、一晩だけのことじゃ。その女を憎からず思うて、〝蚊帳の中に入って寝ろ〟と、声をかけた。そこは、女も商売じゃがの。酔ってはいても、着物の前をちょっとはだけて、腰巻をちらつかせながら、〝すみません〟と、品《しな》をつくって入ってきた。それで、布団に入ってきても、何もしかけてこずにじっとしとる。素人女のようにのう……。堅物《かたぶつ》は堅物なりに扱うて、男の方から手を出させるようにしむけるのは、玄人《くろうと》の高等芸じゃがの。ああ、理屈ではそれがわかっていても、みごとにひっかかってしもうたわ。

じっとしとるとはいうても、いまのようにパンツやズロースがあるわけじゃあなあがの。足がちょっと触れ、膝がちょっと触れするうちに、ヤチ（女性器）のぬめっと吸いこむような動きが伝わってくるわいの。わしのヨシコ（男性器）の反応は、相手はとっくにお見通し。そうなりゃあ、あんた、男と女のすることは一つしかなあがの。なるようになってしもうた。

ことが終わってから、女は、酒を飲み交そうと言う。わしもついつい気を許してしもうて、女と明方《あけがた》近くまで酒盛りをすることになった。酒盛りというても妙なぐあいで、蚊帳の中、一枚の布団の上じゃがの。盃を注《さ》しつ注されつ、そのうち女は口移しで酒を飲ましてくれる。そうすりゃあ、またなるようになって、あっちの方も差しつ差されつになるわいの。アッハッハッ……。

窓の障子を通して、月明りが射しこんどった。いま思いだしてみても、妙な気分のおかしな夜じゃったのう。

明方になって、女は、酒が残った徳利を持ってフラフラッと出ていった。

一眠りして、次の朝、勘定を払おうとしたら、ドヤの男衆が、〝姐《ねえ》さんが飲んだ酒の本数がわからんから、ちょっと待ってくれ〟という。しかたがないから、わしももう一度部屋に上って、横になって待つ。前の晩の御乱行があるから、こっちだって横になりたいがの。しばらくうとうとっとして目をさましたら、女が枕元に座っとる。ゆかたのまま、横座りになって酒を飲んどる。〝まだ兄さんとは飲み足らん気がするから、もう一日いてほしい〟と、前の晩の痴態を思いださせるような目つきで言う。

ありゃあ、女とドヤの男衆とつるんで仕かけたんじゃのう。そのドヤの近いところでバイをしたんじゃから、三日間でわしにどれぐらいの上《あが》りがあったか、連中は見当がついとるがの。それに、わしが、若あくせに女も抱かず宿代だけ払うて帰ろうとしたから、姐御株の女は意地をみせたんじゃろうのう。とにかく、ある金額の金を巻きあげようとしたに違あない。わしについて離れんがの。

まあ、女の飲むこと飲むこと、朝起きてから夕方までずっと飲み続けて、徳利が何本横に並んだことか。わしも、女の払いを済まさにゃあ帰れんので、女が飲むのをやめん限り立つに立てんで……。そのうち、わしも盃についつい手を出して、また注しつ注されつ、あっちの方も差しつ差されつ。ありゃあ、魔性の女じゃった。

とうとう夜になった。そしたら、女は、にぎやかに友だちを呼ぶから、と言う。それが芸者で、また酒盛りとなった。酒池肉林というわのう、あがあな夜が続いたら男は遅かれ早かれふぬけになってしまうのう。絶対に飽きさせんし、床上手ではあるし、玄人は玄人じゃ。あんな女に、若あ男が勝てるはずがなあがの。

〝傾城《けいせい》（遊女）の恋はまことの恋ならじ、金もって来いが本当のこいなり〟という川柳があるわいのう、よう詠んだもんじゃと思うよ。事実、本当のことじゃ。

次の日は、さいわいなことに解放されたが、宿代、酒代、女を二日二晩囲った線香代、芸者の花代と、まあよけいかかったわ。懐の金は、おおかた半分に減ってしもうた。

高あ授業料じゃった。いや、考えてみると、安い授業料じゃったかもしれん。わしは、金輪際二度とややこしい女に手は出さん、と性根にすえたもん……。

それにはもうひとつ話があるんじゃ。そのすぐあとに、わしのダチ（仲間）が女と遊んで病気をもろうてのう、ヨシコがビール瓶のように膨れあがり、風船のように皮が薄うなった。ものすげえもんだった。見ちゃあおれなんだがの。それで、わしらが奔走して、家族には痔ということで真相を伏せて入院させたことがある。そのことも、大きなショックじゃった。そのときに、わしは、もう玄人の女とは遊ばん、と固く心に決めたがの。

大恥を話してしもうたが、もしわしにそうした経験が若あうちになかったとしたら、後あと女に手を出あて、もっと大きな失敗をしたり身を崩したかもしれんしのう。

実際、テキヤ仲間のうちにゃあ、旅先で女や博奕に手を出したあげく転落する者がおるでのう。何しろ、日銭が入る商売じゃで。ついつい、気が大きくなってくるからのう、ビタで生活するということは、そのへんによっぽど自律心がなあとのう……。

この際、あんたにも説教をたれておくがの。あんたもお見受けするところ、学問か道楽かはよう知らんが股旅渡世のようなもんじゃわのう。絶対に、玄人の女に気を許したらいかんぞ。そのときは、尻の毛まで抜かれることを覚悟しとかにゃあいかん。掃《は》き溜《だめ》に鶴なんて、まずおりゃあせんがの。ややこしい女には、一緒に自分も身を落とす気持がなあ限り、近づかん方がよろしいぞ。

ああ、長話をしてしもうた。

これでわしの話は終わりじゃ」

晩年の利兵衛は、浜大津（滋賀県）でヤサバイを行っていた。

ヤサバイというのは、一軒の家を借りて商売をする方法である。仮設店舗とはいえ、高市《たかまち》のように短期のものでなく、また町屋の軒下や空地を一定の期限をきって借りるのでもなく、ほぼ常設店舗に近い無期限の仮設店舗であった。

ほぼ二〇年間、利兵衛は、美濃の窯元から商品を発送してもらい、間口九尺（一間半）の小さな店に座っていた。バサ（叩き売り）を打つこともなく、琵琶湖のさざ波に耳を傾けるかのように、静かに座っていた、という。

多治見の家には、盆と正月を過ごすほかは、ほとんど寄りついていない。月々の仕送りもとだえがちであった。

なぜか——。

その浜大津の店は、某未亡人の持ちもので、晩年の利兵衛はその女性にほのかな愛情を抱き、その女性のそばで余生を送りたいと願ったからだ、と、利兵衛をよく知る同業者の一人が教えてくれた。

が、筆者は、そのことについては、いまだ未確認のままである。筆者にとって、利兵衛の問わず語りは、それだけで利兵衛と筆者をつなぐ糸としては十分に太いもので信頼するに足りた。女性との失敗談まで吐露してくれた利兵衛が、あえて口をつぐんだ晩年の私生活について、あれこれと詮索する必要がないようにも思えたのである。

中口上

利兵衛の影を追って

ここで、利兵衛の回顧談は終わる。

ここまで書き進めるにあたって、私は、あらためて、利兵衛から聞きとったノートを繰り、利兵衛の語り言葉を反芻《はんすう》している。

しかし、そこには、聞き漏らしたことがある。特に、利兵衛が属していたテキヤの組織とか茶碗屋の基本的な商法であるバサウチ（叩き売り）について聞きたかったことが多い。利兵衛の私的な部分については必要以上の詮索をしないでよいと思ったものの、組織や商法についてはもっとこまかく確かめておくべきであった。利兵衛亡き現在、それは、悔やんでも悔やみきれないものがある。

そこで、可能な範囲で、再び利兵衛の足跡を追う。もちろん、利兵衛はすでに亡い。とすれば、利兵衛の周辺、利兵衛をよく知る茶碗屋の仲間を訪ねるしかないのであった。

ほぼ一年ほど前の寒い日、私は、駄知《だち》（土岐市）の大黒屋を訪ねた。かつて、利兵

山間の窯場、駄知

衛が所属していたテキヤの一家である。

駄知は、山間の小規模な町である。うっすらと雪をかぶって、町並みは薄墨色の景色のなかにあった。東濃（東美濃地方）の町や村の多くがそうであるように、駄知も、総じて美濃焼と呼ばれるセトモノ（主に磁器）の町である。町のあちこちに窯《かま》の煙突が立ち、セトモノの運搬に使うリンゴ箱が積み上げられている。仲買商や卸商も多い。そこはかとなく、カチャカチャとセトモノの触れあう音が聞こえてくるようである。そんな町に、茶碗屋を主体とするテキヤ大黒屋の本拠がある。

大黒屋（一九八四年本書刊行時には本家熊屋駄知分家）の当代は六代目で、親分は長瀬忠雄という。正統な盃事でつながった組員は一六人、他に準組員が六人いる。

六代目親分の長瀬は六〇歳、体つき顔つきともにふくよかで、言葉遣いも穏やかである。輩下の若い衆（組員）たちがめいめいにがなりたてるような話にも鷹揚にうなずいて耳を貸す姿をみると、その立場での修養のあとがうかがえるが、人柄そのものも温厚なのであろう。が、ときおりキラリと光る鋭い眼差《まなざし》に、この渡世で長年親分を務めてきた男の厳しさと貫禄が漂う。

六代目長瀬は、かつて利兵衛と兄弟分として大黒屋四代目、五代目に仕えていた。自らが六代目を襲名してからは、利兵衛を一家の元老として扱ってきた。従って、誰よりも利兵衛のことはよく知っていた。

長瀬は語る。

「もちろん、利兵衛さんのことはよく知っております。四代目、五代目のもとで兄弟分でしたし、私の代になってからは、譲り若い衆として居てくれましたから……。そう、譲り若い衆というのは、先代の時分《じぶん》からいる先輩衆のことで、利兵衛さんは私の一家の元老格でした。

それで、私に遠慮があったわけじゃあないが……。もともと、一家の長は、若い衆の行く先は知っていても、行った先でどんなバイ（商売）をたてとるかは、ほとんどあずかり知らんもんです。テキヤというのは、それぞれが個人事業主で、ネタ（商品）によっては親分が卸すものもあるが、ワンチャ（茶碗）なんか、一切個人で窯焼（窯元）から仕入れるわけです。

それから、行く先々の高市《たかまち》に出店する申しこみや手続きも各々でするわけで、一家からまとめて出すこともないし、添状を送るわけでもない。

それで、どうして一家があって親分が居て、と聞かれると困るが、まあ、一家というのは組合ですな。親分は、各組合員から組合費を徴収して一家を運営するわけで、組合員の利益のためには何かありゃあ出てゆくが、それでは生活がたちません。よっぽど人数が多い一家なら別じゃが、私らのような規模は、親分といえども露店《みせ》を張ってバイをしないと生活できません。ニワバ（担当する高市）を仕切るのが、うまくいって余禄といえば余禄となるわけで……。

テキヤには、上納金制度もありません。

そんなわけで、利兵衛さんが年をとってから大津の方面に出らっしゃってからは、組合費は元老に免じてもらっていなかったし、寄合いにもめったに来らっしゃらんし、実際のところ、最後の方はどういう暮らしを送らっしゃったか、ようは知らんのです。ただ、私らでおとむらいが出せなんだのは、申しわけないと思うています。私としては、一家で葬式をしてあげようという気持はあったんですが……」

いずれにしても、利兵衛の晩年は、その長である長瀬とも疎遠になりがちなほど、ひっそりとしたものであった。

長瀬は、私のぶしつけな質問にもよく答えてくれた。とくに、以下テキヤ社会の内部に通じるところに関しては、長瀬の協力なくしてはまとめることができなかった。長瀬とは、私が駄知を訪ねるかたちでこれまで都合五度会うことになったが、そのうち三度までが喫茶店を利用しての会談となった。長瀬が、駄知のバス停まで自家用車で迎えにきてくれ、そのまま町の喫茶店に連れて行ってくれるのである。

あらためて考えてみると、テキヤ衆は、その組織とか所作には古い体質やしきたりを伝えながら、一方で、ある部分は非常に新しがりやのところがある。

その代表例の一つは、自動車の導入が早かった。それは、商品を方々に運ばなくてはならない切実な理由からきている。特に、茶碗屋の場合、商品はかさばるし、割れものである。天秤棒で担って行くには限度があるし、鉄道便で送るのには梱包に手がかかる。自動車こそ、最良の運搬手段である。

その第二が、喫茶店の利用である。老若を問わず、よく喫茶店に出入りしてコーヒーを飲む。これも、地方から地方へと高市をつないで渡り歩く、その職業的体質のせいであろう。荷づくり、発送、到着、受付け、場所割り、商品陳列、そして販売までに、結構こまぎれに待時間がある。そして、地元にいる間は、時間的にはかなり自由である。そうした生活環境の中で、仲間と連れだって喫茶店に行ってコーヒーを飲む習慣が日常化していった。ともあれ、ある高市がたち、その近くに喫茶店があるとしたら、朝夕その喫茶店はテキヤ衆でいっぱいになる。もちろん、そこは、彼らにとって、格好の情報交換の場所ともなるのである。

もちろん、現在では、自動車も喫茶店もことさらとりあげるべき新しい文明現象ではない。すでに、一般社会に普及して久しい。しかし、一つの会社、一つの職能集団で、そこに所属する全員が個人用営業車をもち、老いも若きも休憩時間には連れだって喫茶店に行ってコーヒーを飲むような習慣を有しているようなところが他にあるであろうか。テキヤ社会では、それが定着して久しいのである。

さて、長瀬と喫茶店で会う。

喫茶店で会うとなると、不思議なもので、それなりの会話が展開する。たとえば、農家の囲炉裏《いろり》端や町家の隠居屋で、時間を気にすることなく老人の問わず語りに耳を傾けるのとは違ってくる。あの利兵衛の問わず語りの場合、私はほとんど口をはさんでいない。ただ感心してうなずいたり感嘆詞を発しただけで、脈絡のある言葉となると、たぶん、利兵衛の話を一〇とすると、せいぜい一か二しか話していなかったのではないか。それが、喫茶店での長瀬との会談になると、私が長瀬に教わることが多く、長瀬の発言を中心に展開するとしても、長瀬の話を一〇とすると、私は三も四も口を出しているのである。

それで、ついつい、テキヤに適性、不適性は……、などと余分の質問をはさんだりする。

それに対しての長瀬の答は、左のとおり。

「私らの稼業の弟子制度は、昔の足入れ婚のようなもんで、慣らすというよりも、試すことになります。

この稼業に、どうにも向かん者がおる。そうした者に盃はやれんでしょう。そう、そう、カセギコミ（内弟子）の間に適性かどうかをじっくりと見定めるわけです。

どんなのが向かんかいうても、いろいろな見方ができるが、内気で人見知りをするような者は、こりゃあ駄目でしょうな。わしらの稼業では、人前で平気で喋れるような社交家が成功する。というても、ベラベラ喋りすぎて軽薄すぎるのも、信用がもらえんから駄目。

それから、江戸っ子のように伊達やいなせであることはないが、多少の見栄や男気がないと、この渡世のつき合いができにくい。

むろん、銭勘定ができんほどのお粗末な頭でもいけず……。そこそこの地頭《ぢあたま》（知能）と機転や応用能力が要る。

馬鹿でなれず、賢《かしこ》うてなれず、中途半端じゃあ長続きがせず……。たかがテキヤ、たかが露店商人、というても、結構むつかしい」

そこで、私は、自分のようなタイプの人間はテキヤに向いているだろうか、と問いかけた。

しかし、長瀬は、ニヤリと笑っただけで、その問いには一言も答えないままだった。

長瀬の一家は、もとは大黒屋を名乗っていたが、のちに本家熊屋の配下にあって駄知分家を名乗っている。

熊屋といえば、名古屋に本拠を置くテキヤ組織で、中京地区では薬屋と並んでの名門テキヤである。私は、利兵衛からも熊屋の家名をたびたび聞いており、そこも一度は訪ねてみたいと思っていた。が、さしせまって訪ねる名目がないまま、長年そのままになっていた。

が、あるとき、偶然が重なって、本家熊屋一九代目の松本正一とも面談することになった。

以下、余談といえば、余談になる。

駄知を再訪するのも含めていくつかの用事を抱え、名古屋に行く機会があった。そのときは、女性ライターのJさんと名古屋駅前で待ち合わせ、はじめに主目的を優先させるべく美術館にタクシーを走らせた。そして、帰路、少しばかり時間の余裕があったので、大須《おおす》（中区）に回ることにした。

大須は、東京の浅草に相当する下町《したまち》である。観音様を中心に開けた門前町。みやげもの屋、飲食店、演芸場、遊戯場、それに仏壇仏具屋などが、観音様の周辺に軒を並べている。浅草同様に、現在はややさびれた感がするが、かつては名古屋一の繁華街で、ここに遊郭もあった。

いまは場末としかいいようのない、およそ女性の趣味や好奇心とはほど遠いところになぜJさんを案内するのか。その理由は、まことに稀薄であった。知らず識らずのうちに、私は、熊屋を訪ねる手順を一方で探していたのである。

つまり、熊屋というテキヤの家名は、電話帳で確かめることができない。かといって、警察を訪ねるのも面倒である。その点、大須のような古い門前町には、浅草がそうであるように、一つや二つのテキヤ組織の事務所があるもので、そこを訪ねれば同業者の情報が集まる可能性は高い。

案の定、大須観音の境内を横切って商店街に入ったところに、一つの事務所があった。看板には、「福田一家」とある。

表の戸を開けてすぐのところが、コンクリートのタタキとなっていて、応接セットやら事務机が置いてある。そこに、若い男が一人。チリチリのパーマ頭で、額の両側に剃りこみが入っている。黒のセーターと太目のズボン。最近のテキヤ社会でのファッションとでもいうべき典型である。

私たちの訪問を、彼は、一瞬身構えて、不信そうに迎えた。あとで聞いたら、大の男が、〝こんにちは〟と大声で入ってきたから、面くらった、という。新顔の同業者なら〝ごめんなさい〟か〝おひかえ下さい〟、親しい同業者なら〝オッス〟か〝ヨッ〟という挨拶が定例化しており、〝こんにちは〟は彼らの日常語にはほとんど使われないからである（もっとも、〝おはよう〟は常用されている）。

彼の一瞬の驚きに構わず、私は、訪問の目的を伝えた。

「本家熊屋をご存じですか?」

それが、さらに彼の緊張を誘うことになった。自らを名乗らぬ先に、この種の質問（相手方を確かめたり、誰それとの因縁をただす）を発するのは非常のこと、と彼は思ったに違いない。まさか、殴りこみとまでは思わなかっただろうが、かなり挑戦的に身構えたのである。

私は、それでも構わず、利兵衛から始まる私のテキヤ社会へのつながりを述べた。怪しまれようが疎《うと》まれようが、ありのままを話すしかない。

気の毒なのは、同行のJさんであった。ほとんど事前の知識もなく同行した先で、いかつい若者に睨《にら》まれたまま立ちすくんでいる。ふだんは茶目っ気のある明るい表情が、こわばったまま凍てついているようだ。思えば、一般の女性にとって、テキヤ社会は最も無縁な世界の一つであろう。高市でのなじみはあっても、その実態に触れることは、まずないはずである。

しかし、さいわいにして、福田一家の若い衆は、私の訪問の主旨を理解してくれた。敵対心を持たなくてよい相手、という程度に理解してくれたのである。

それに、ちょうど、姐《あね》さん（四代目親分の女房）がその事務所に降りてきたこともあって、その場の雰囲気が和らいだ。姐さんは、こうした男世帯を陰できりもりしているだけに機微によく通じており、われわれに対しても親切であった。すぐさま若い衆に本家熊屋に電話でとりつぐように命じた。

まったくの偶然にして幸いなことに、福田一家と本家熊屋は親分同士が兄弟分だったのである。

電話は、何なく通じた。

そして、その場で、私は、本家熊屋の一九代目松本正一とも話を通じることができたのである。

兄弟分からの紹介（実際は右に述べたように、ただ偶然に福田一家に飛びこんだだけであったが）というかたちになったせいもあって、松本もまた、私に対しては十分に好意的であった。

熊屋本家は、名古屋に本拠を置くテキヤ組織で、中京地区では名門の一家である。いや、一九代目といえば、日本でも有数の名門といってもよい。配下の一家は長瀬が仕切る駄知分家も含めて一七、組合員は約四五〇名である。その長である松本は、前掲の諸氏よりも年若であるが、さすがに理解が鋭い。

「わしは、利兵衛は知らん。それに、ワンチャ（茶碗屋）はウチ（本家）にはおらんから駄知（分家）に聞いてもらわにゃあならんが、テキヤについてはわしも教えたる。そうや、テキヤを十束ひとからげでヤクザっちゅうのは間違いや。たしか、ヤクザっちゅうのは、花札賭博の最低点（八・九・三で合計二〇、九を最高点とする花札では二〇は零で最低）からきとるんやろう。それで、役にたたんからヤクザ。博奕打ち、無職渡世というんだぜ、ありゃあ。テキヤとは違う。それが一緒くたになったんは、戦後の警察の組織暴力取締りの対象が博徒、テキヤ、愚連隊とまとめられたからで、それからわしらもヤクザとか暴力団と言われるようになったんやで。わしらテキヤは、商人や。たとえ露店でも、れっきとした正業をもっとる。歴史を遡って調べてみてくれても、そりゃあ確かやろ。

前に、わしは、身内のある事件のことで神戸の警察署に呼ばれたことがある。そのとき、警察の偉あさんが、〝お前ら、ヤクザ者が、極道者が〟と言う。その言い方に腹がたって、わしは言うた。〝そりゃあ違う。テキヤも、世間からはぐれていることではヤクザと言われてもしかたないとこもあるが、無職渡世とは違う。わしらは、零細でも商人で、有職渡世です。訂正してほしい〟と、なあ。なんぼ警察の偉あさんの言うことでも、そう言われるのだけは許せん。それでも、それだけ言うと、その偉あさんもわかってくれたが……。

まあ、十束ひとからげにヤクザだ暴力団だといわれて、そのままにしていたわしらも意気地《いくじ》がなかったんやが、だんだんそれが世間の通り相場になってしもうとる。

そういう考えが固まってきたことは、こわいことやで。最近は、ヤクザ映画なんかを見て、鶴田浩二や高倉健が演《や》った主人公にあこがれて、この社会に入ってくる若い者がいる。そんなんは、格好つけることばっかりで、商売に精を出さん。それで、あっちこっちで問題を起こしてくれる。たしか、ヤクザ映画にも、切った張ったでテキヤは出てきとらんはずやがのう。

テキヤは、露店商人で、神農《しんのう》さんを祀り、神農道に基づいて渡世をしてきた。そうしたことがわかってくれるんなら、わしも協力したるで。

何せ、ヤクザ社会は藤田五郎（著述業）のようなんが内側から書いとるが、わしらテキヤのほんまの生活は誰も書かんからのう……」

そうしたことを松本と膝をつきあわせて会談したのも、喫茶店であった。松本が仕切る東別院（名古屋市中区）の高市（春彼岸）の日で、その近くの喫茶店に誘われたときである。小雨がそぼふる肌寒い日で、客足は鈍く、そのせいもあって昼でも喫茶店はテキヤ衆で埋まっていた。

「バイ（商売）ができるかどうかは天候次第、因果な稼業やのう……」

松本は、そこに居る仲間全員の払いをさりげなく済まし、ポツリとそうつぶやいた。

ヤシとテキヤの事始め

立売の商人たち

そこで、あらためて、テキヤとは何か——と問うてみる。

そうでないと、旅を最上の人生として誇った利兵衛がなぜ晩年周囲に気がねすることになったたか、また、年輩のテキヤ衆が口をそろえてヤクザとの違いを強調するのか——そうした心情が理解できにくい。

テキヤをヤシ（香具師）ともいう、と先に述べた。

それでは両者は全く同じといってよいのだろうか、筆者はこの点を利兵衛にも長瀬忠雄にも、松本正一にも尋ねてみた。

彼らの答えはいずれも
「テキヤとヤシは同じ」

というものだった。

ここで少し歴史の世界を探ってみる。

語源から見る限り、どうもテキヤよりはヤシの方が古いように思える。江戸期の文献には、テキヤという言葉がほとんど見当らないのである。といっても、もう一方のヤシの語源もどこまで遡れるか。記録はいささか心もとない。江戸期の百科事典ともいうべき『嬉遊笑覧』（文政一三年、喜多村信節《のぶよ》著）には、路頭での行商の様子が描き出されている。しかし、ここにはテキヤはおろか、ヤシという言葉さえ出てこない。呼称には、立売りとか口上商人という言葉が使われているが、その実態は、まぎれもなくヤシ、テキヤの類である。その歴史が要領よくまとめられているので、次に引用しておく。

「物を持ち出て店をかまへずして、売りたる処を立売と呼ぶ。（中略）『事跡合考』に、ここの事、古老の物語を記して云《いふ》、寛文の頃まで商人おのれおのれが、売物を持て立ならび売たり、刀脇差などの商人弁舌切らして売たるなり。万商《よろずあきな》ひかくのごとし。四谷、本郷、浅草、芝の端々より出て、買たる事故殊の外賑《にぎはひ》なりし。其後夥《おびただ》しく端々商店出来て、自由になり、いつとなく買に来る人なく、物売絶たり。又、立売と云名はあらねども、是よりさき慶長の頃『耳聞集』に、大橋に毎日刀市立しことをいへり。大橋とは今の常盤橋なり。立ながら売るゆえ立売といひたるなり。『人倫訓蒙図彙』に口上商人、万の合薬《あはせぐすり》並に鬢付《びんつけ》のたぐひ諸方の市法会の場等に出て弁舌をもてこれを売り、又は神を誓ひ蛇をみせ操人形《あやつりにんぎよう》を出し物まねをして人を集めて是を商ふ。顔の皮一種の商なり。後にはかく口上商人といふ一種のものとなりぬと、これ立売のさまと見えたり。市に立といふことは即ち是なり」

商売のはじめに露店の立売りがあること、江戸ではよろず商人が弁舌をもって立売りを競っていた市が寛文のころから定店に化したこと、口上商人や見世物は厚顔をもってなること――そうした記述の細部はともかくとして、大筋は確かにそのとおりなのであろう。これは、江戸中期までの状況である。

しかし、ヤシという言葉も、一方で登場する。それは、『守貞漫稿』（嘉永六年、喜田川守貞著）に詳しい。

「矢師、商人、一種の名、製薬を売るは専《もっぱ》ら此の党とするよしなれど、この党に非るものあり。此の小売の内種々あり、路上の商人多し、歯抜きも此一種也、大阪の松井喜三郎、江戸は長井兵助、玄水等最も名あり、喜三郎と兵助とは人集めに筥三《はこさん》方《ぼう》を積み累《かさ》ね、其上に立つて大太刀を抜き或は居合の学びをなし、玄水は独楽《こま》を回はして人を集め、歯磨粉及歯薬を売り、又歯療入歯もなす也、其の他能弁を以て或は有能、或は無能の薬を売り、或は辺土遠国の人に扮して国産と称して種々を売るの類其の他種々限りなし、専ら出し見世、大道見世、床見世、の類也、此の矢師仲間三都各国ともに有之。

文久二年此の党の者に遇つてその大略を聞き以て追書す。矢師は仮名にて本字野士也。字の如く野武士等飢渇を凌ぐ便りに売薬せしを始めとす。今は十三種の名目にて大凡売薬香具を専らとす。名は十三なれどもその品甚だ多く歯磨は歯の薬なり、紅は唇薬、白粉は顔薬、艾《もぐさ》は途中急病に供す。因之燧石《ひうちいし》、燧鉄《ひうちがね》も売之、於之大概売薬香具を路傍に売るは必ず矢師の党也。三都定まる所なく、その老巧の者に従ひ業之す。則ち親分子分と云ふ」

つまり、江戸も後期になると、文献上にもヤシが登場してくるのである。『守貞漫稿』には、矢師とあり、もとは野士で売薬行商を専業とした、とある。野武士云々については、この際あまり問題にせずともよい。始祖を平安貴族、源氏平氏、武士郷士に求めるのは世の習いともいえるので、そのあたりの考証はさほどの深い意味がない。そうであるかもしれないし、そうでないかもしれない。

ただ、ヤシの本流が売薬の行商であったことは、かなりの信憑性がある。かつては、歯磨き粉、口紅、白粉《おしろい》、線香なども、広義には薬品であった。だから、ヤシのことを薬師とも香具師とも記すのだ。


そのことは、神農《しんのう》の存在が如実に物語っている。ヤシ、テキヤ系の象徴として神農が崇め祀られているのである。

先に盃事について述べたが、そうした儀式のときには神農像（掛け軸）が中央正面に掛けられる。また、一家の襲名のときには、旧親分から次の親分に太刀、巻き物とともに神農像一幅が引き渡される。神農像は、テキヤの一家を構えるに際しては、必要不可欠なものなのである。

そして、テキヤは、神農道に生きることを誇りとする。さらに、優れた親分のことを神農さん、ともいう。それほどに、テキヤの社会では神農の存在は大きいのである。

神農のもとでの露店行商（神農道）――テキヤとは、そう定義づけるのが妥当かもし

薬草を手にした神農像の掛け軸

れない。そうすることで、俗にヤクザと呼ばれる博徒系の社会（仁俠道）との区別が明確になるであろう。

そもそも、神農とは、中国の神話中の存在である。本来は農業神として崇められるべきものであった。中国においては、どうも農業面での高い評価を伝えているようである。

伝説によれば、神農は多才であった。農具のほかに陶器をつくり、石防車をつくり、骨針をつくった、とある。

そうした功徳のなか、薬草を摘み医薬品をつくった功を特にたたえれば、神農は薬学の祖ともなる。中国最古の薬学書とされる『神農本草経』も神農の手によるものとされ、漢方薬学の原本、定本とされているのである（もっとも、現在に伝わるのは、五世紀に陶弘景によって改訂増補された版である）。

そうした神農信仰が渡来し、日本では、神農は薬学神としての存在意義を強めていった。

大阪の道修町《どしょうまち》（中央区）をご存じであろうか。ここには、薬問屋がずらりと立ち並んでいる。

この道修町の一角、ビルとビルとにはさまれるようにして小さな神社がある。正式には少彦名《すくなひこな》神社。が、一般には「神農さん」と呼ばれている。もちろん、神農さんは、道修町の職業神として祀られているのである。現在でも、一一月下旬の祭礼日、道修町の薬問屋はその仕事を休み、盛大に神農さんを祀る。いや、道修町の薬問屋関係者だけではない。それに連なる各地の薬商が、ここに集まるのである。

ヤシの本流が売薬行商にあるという根拠の一つが、この神農であるのだ。

さらに、そのことはもう一つ、旅のたて方からも考察できそうである。

薬から香へ

いうまでもなく、ヤシの生活は旅にある。そして、伝説の時代まで遡らずとも、かつての旅は歩くことが前提であった。その場合、荷物は最小限にまとめるべきであった。

荷運びのための馬や人夫を雇うことができる身分ならともかく、旅から旅へと巡り歩く小商人なら一般の旅人と同様に身軽であるにこしたことはない。そうでなくても、人間一人が運びうる荷物の量は知れている。

しかし、行商人である以上、商品が要る。そうした場合の商品は、当然限られてくる。かさばらず重過ぎず、保存がきいて、どこでも平均して売れる貴重品であることが条件となる。その上、行く先々で、資本《もとで》をかけずに補給が可能なものでなくてはならない。

そうなると、薬品が最も有利な商品となるのである。神農の流れをくむかどうかは別問題として、かつて、何らかの漢方薬調製の法を知っている者が、その知識や技術を頼りに行商をして歩いたことに疑いをはさむ余地はないだろう。

ヤシは、もとは薬師であり、占い師にも通じる類《たぐい》の見立て医師でもあった。だから、旅が可能であった。

もっとも、『旅行用心集』（文化七年）にいう。

「道中にて相客の中など、薬種、妙薬等の下直《げじき》なるものをすゝむるとも、堅断《かたくことはり》て求むべからず。若《もし》途中にて入用あらば、其所の薬種屋にて調ふべし」

とかく、うさんくさく見られる職業でもあったようである。しかし、逆にうがってみると、そうした原初的な薬品や治療を必要とする人々も多くいたことになる。今日のように薬学、医学の発達した時代からそうした状況をうかがうのはむずかしいが、筆者にはほのかに実感できる体験がある。

いまから一七年ほど前の昭和四二年（一九六七）、西部ネパール民族文化調査隊なる若い民族学徒の小集団（隊長田村善次郎以下六名）が組織され、約半年間ヒマラヤ山中のチベット人集落での越冬調査を行った。筆者は、最年少の雑役隊員であった。タライ（インドに近い亜熱帯の平地）の飛行場（実は小型飛行機が離着陸できるただの草原）から徒歩行を始め、四〇日後に高度約三七〇〇メートルの小集落にたどりついたのであるが、その道中のいたるところで、われわれは多くの人に囲まれた。それは、物珍しさが手伝ってのことだったが、多くは薬品を求めて集まった人々だった。なかには、歩いて半日も離れた村から戸板で病人を運んできてわれわれの一行を待ちうけるような人たちもいた。辺鄙な地勢の未開な社会なればこその現象であるが、その情報伝播の早さと医薬願望の強さはすさまじいものであった。

さて、そのとき、われわれも可能な限りの薬品を投与するよう努めたのであるが、抗生物質など最底必要限の薬はわれわれ自身のために確保しておかなければならない。そこで、少量ずつ投与することになる。しかし、そうこうしているうちに、ヒマラヤ山中の人たちには、ごく少量の薬効分があれば、それで十分に効《き》くことを発見した。たとえば、ハンドクリームで凍傷までが短時間で治るのである。全体に薬品に対する免疫が弱かったからであろうが、われわれには、にわかには信じ難いことであった。そうした筆者の体験からして、かつての日本でも、旅の薬師や見立て医師がうさんくさいながらも、活躍する背景が十分にあったように思えるのである。

やがて、香具師と書いてもヤシと読むようになる。

いつのころからかは明らかでないが、たぶん江戸の中ごろからのことであろう。というのは、寺社や特権階級を除くと、香具が一般家庭に入ってくるようになるのは、そう古いことではない。まず、仏壇が部屋に常設されるようになってからのことであろうし、葬式や法要が形式化されてからのことであろう。それは、師檀制度（檀家制度）の普及に合わせてのことでもあった。抹香、練香《ねりこう》、線香の類が、その時代からは行商に有利な商品となった。

薬師から香具師へ、その表示が移り変わるのは、時代ごとの主流商品の流れに従ったもの、と考えられるのである。

さらに、それに前後して、的屋《てきや》という言葉も生じた。

それについては、巷間、さまざまな解釈がなされている。が、ここでは、的矢《まとや》（射的）からきた言葉という解釈をとることにする。つまり、浅草の仲見世のように高市が常設化する場合、あるいは仮設でもかなり長期に及ぶ場合、その商品も多様化する。そうしたところでは、新たに遊戯的なものが登場する。その代表が射的であり、そこでもそうした流行商品が、職能集団の呼称ともなったに相違あるまい。

もちろん、それは、都市《まち》における遊戯であり、都市を中心とした呼称であった。それが、地方に拡散するのは、しばらくのちのことであろう。

とすれば現在でも、とかく露店行商人のことを、農山漁村ではヤシと呼び、都市部ではテキヤと呼ぶ傾向が強いのも、もっともなことなのである。

ともあれ、薬師、香具師、的屋は、同意語であることの諒解をここでしておきたい。

『十三香具虎之巻』

熊屋本家一九代目、松本正一がいみじくも語る。

「中京地区のテキヤでは、ウチ（熊屋）と薬屋が古い。ウチが一九代目、薬屋は二〇代目。

わしらは歴史の詳しいところはよう知らんが、言い伝えによれば、ウチと薬屋の初代は兄弟じゃったとよ。兄弟して薬を売って諸国を歩いたところ、何か事件があったらしい。それを、大岡越前が裁いて、兄の方に薬草の権利を、弟の方に熊の胆《い》の権利を与えて諸国の大道で商いができるようになった、ということじゃ。それじゃから、一方は薬屋、一方は熊屋を名乗ることになった。

そのへんのことは、『十三香具虎之巻』を読んでみてくれりゃあわかると思うよ。わしらにとっては門外不出の秘物じゃが、何だったら見せてやってもええよ」

そこで、『十三香具虎之巻』――。

これは、テキヤの有力親分筋に伝わる秘伝である。たとえば、正式の神農《しんのう》盃（襲名

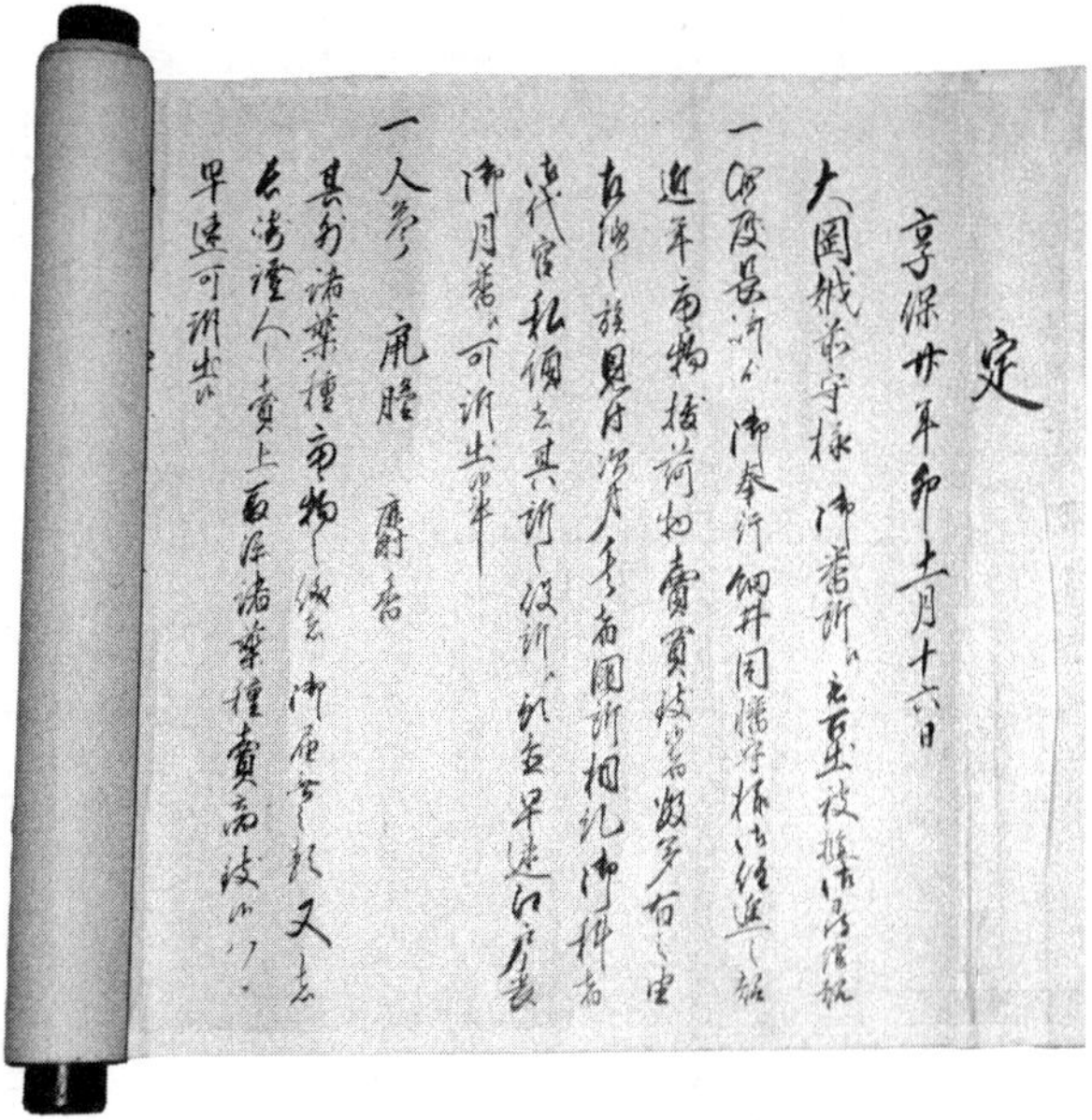

『十三香具虎之巻』巻頭部分

盃）のとき神農像、太刀とともに旧親分から新親分に譲り渡される三種の神器のなかの一つなのである。神農像がテキヤの象徴、太刀がテキヤの魂だとすると、この『十三香具虎之巻』はテキヤの系図とか血統書ということになる。

しかし、ここに全文を紹介するのは、いささか煩わしい。それに、もとは別々に記された何種類かの文書を、のちに集めて一巻としたもので、それも本来一巻か二巻しかなかったものが次々に書き写しを重ねて伝えられているので、どの巻物が、どこまで信憑性があるかは疑わしい。が、まさにこの社会の「虎の巻」として伝えられている、その存在自体に意味がありそうなので、次に中核の部分を抜粋する。

『十三香具虎之巻』には、まずはじめに、伝説伝聞をもってヤシの由来を記した、「香具商人往来目録」が掲げられている。役《えん》の行者、八幡太郎義家、太閤秀吉など歴史上の名士が次々に登場し、香具師はそうした名士のもとで道案内や薬師を務めた、とある。たとえば、次のようにである。

「一、文禄元辰年　太閤秀吉様朝鮮御追討ノ砌《みぎ》リ　肥前名古屋ヨリ御渡海節《おんとかいのせつ》　合《あはせ》薬師《ぐすりし》ニ御案内ノ儀被仰付候事《おおせつけられそうろうこと》」

話としてはまことにおもしろいが、そのまま鵜飲みにはできない。始祖を美化したり権威づけるのは世の常というもの。以下、ここでは割愛する。

しかし、最後の部分だけは、後の諸説につなぐ意味でも注目しておきたい。

「一、寛永六巳年　御老中松平伊豆守様へ香具商人共被召出　八香具五商人ノ儀ハ天下一統ニ御免有之　見世ハ三尺ニ於テ幕張ノ看板トモ御免有之候左ノ通リ
食来《ママ》師、傀儡《くぐつし》師、鉄物師、読物師、合薬師、物形師、書物師、辻医師
右ハ香具八師面々也
小間物師、売薬師、煙草売、見世物、莚張《むしろばり》茶屋
右ハ五商人香具ノ面々也」

つまり、江戸も初期に松平伊豆守から一三種のヤシに免許があった、とある。その真偽のほどはともかくとして、以下に連なる諸文を通しても、このあたりが『十三香具虎之巻』の骨子となるのである。

次に、「香具商人連中へ仰付候注意ノ事」（享保三年に大岡越前守が一三香具を改めた記録）があるが、ここでは内容がほぼ重複し、さらにかみくだいて説く「商人帖頭衆」を引用する。これこそが、ヤシ、テキヤ衆が最もありがたがって、以後家訓とした文書である。ただし、原文は少々難解であるので筆者なりの読み下し文に改めて紹介する。

「一、享保二十卯年十一月十六日に、江戸の香具《やし》連中の者どもが大岡越前守様の御番所へ召し出され、役筋を仰せつけられた。

一、長崎御奉行の細井因幡守様より仰せ聞かされたことは、近年唐物（輸入品）の抜荷《ぬけに》があり、それを売買致した者は早速に捕えて御代官所へ預け置き、そのあと江戸表御月番へ訴えよとのこと。もちろん、人参、麝香、龍能、そのほかの薬種、唐物の儀も同類で、長崎証文を持たずして売買致した者は早速訴え申し出ること。

一、右の約束事を銘々が互いに守ること。そのために、行商の儀、十三香具（商品）の内訳を、（大岡越前守様が）それぞれにお尋ねになられた。それには三人の者がお答え申し上げた。そのとき以下の十三香具が確認された。

一、居合抜、曲鞠、独楽回し、この三組は愛敬芸術をもって人を寄せ、薬、歯磨(粉)、反魂丹を売る者ゆえに薬香具《やし》という。

一、覗き見世物、軽業の芝居役者、身振声色《こわいろ》なども愛敬で人を寄せ、薬や歯磨を売るので、香具《やし》という。

一、大勢を引き連れて売り歩く商人は、盛場で見世物を演じ売薬する。それぞれのところで名高い妙薬があると申す。たとえば、万金丹、越中富山の反魂丹、小田原の外郎《ういろう》、楊枝、脇香、匂《におい》隠し、懐中掛の香袋などを売る者も香具という。

一、辻療治、膏薬、または歌本、または按摩《あんま》導引《どういん》と申す療治。読本歌本は人を立て、愛敬に薬や歯磨を売るので、これも香具商人という。

一、火燧《ひうち》、火口《ほくち》を売る者は、旅人が道中で脚気や足にできた痘の痛みに難儀しているとき、灸(火燧・火口)ですぐに痛苦を鎮める。元来、火口は越前の国より始まり、京都は茗荷屋、大阪にては寺田屋、江戸表では芝神前の桝屋と、この三か所で初売、のち諸国へ売りに出るようになった。これらの者も香具商人という。

一、鉄物、金物を売る者は、鋏《はさみ》毛抜、金銀打針などの品々や、外科に用いる金物を扱ったので、香具商人という。

一、七味唐辛子、南蛮椒気商人。罌粟、胡麻、山椒は、気根の薬となる。蕃椒は疾毒を退ける薬となるので、これらも香具商人という。

一、石臼目立職《めたて》も、昔は諸々の薬種を粉にして丸薬をつくり、諸病に用いるとき、天地陰陽和合を元として用いるので、これも香具商人とみる。ただし、これは、老体が渡世のため行うもので、いわゆる隠居商売である。以上を、八香具と申す。

一、小間香具というのは、たとえば、櫛は髪の乱れを直しながら頭のむれをさまし、紅は口中の嫌な匂をなくし、白粉は顔の腫物を隠して顔色をよくみせる、などといって薬用を説いて売る。これも香具という。

一、蒸物茶水を売る者は、旅人が道中で空腹のため難儀している折にこれを助けるので、香具である。砂糖菓子は病人や食欲不振の者に用いる。また、妊婦にも有効なので、これを扱う者も香具仲間という。

一、梨、蜜柑は、病人の力となって腹中の熱気を払う薬となる。また白酒は白糀と寒晒しの糯米《もちごめ》でつくったもので、大人小人をとわず腹中の薬となる。従って、これらを売る者も香具という。

一、香具商人の天秤棒についてのお尋ねにつき、越前屋庄兵衛お答え申しあげる。

昔、山城国の四条河原に千葉京吟という者がいた。役《えん》の行者のお供をして京吟が木曽山へ行ったとき、行者の荷と自分の荷を金剛杖に両掛にして担った。やがて信濃路に来て行者と別れる折、行者は六尺二寸の金剛杖を四寸切って錫杖（仏具）とした。そして残りの五尺八寸を京吟に天秤棒として下さった。それ以後、その金剛霊徳のおかげで、ほうぼうの神社仏閣、ご城下などで、法会開帳のとき門前の市までその天秤棒で荷を担っていけば、手形がなくとも世渡商売ができた。また、御関所、御番所、それに渡川場まで、その天秤棒があれば無手形でも通行できた。

右の通り商売を致してきました。

享保二十卯年十一月十六日

越前屋庄兵衛
尾上兵佐衛門
丸野　安太夫」

享保年間といえば、江戸も中期の一八世紀前半。ここでも、松平伊豆守に代わって大岡越前守が登場する。松平伊豆守が免じたとされる先の一三種の内容とはやや違っているが、大岡越前守が一三種の営業権を確認したふしがある。

ここで改めて明らかになるが、ヤシ（文中では香具商人）とは、何らかのかたちで薬品薬種をとり扱う行商人であった。

注目すべきは、居合抜・曲鞠・独楽回し、石臼目立などを行う者も、終局的には歯磨や丸薬などの薬品を売っていたことである。そして、茶、砂糖菓子、梨（子）、蜜柑、白酒なども薬用に売られていたことを表わす記述がみられる。

考えてみると、多くの食べものが、その普及する以前の稀なる時期には、薬用効果が説かれ病人食とされたことは、ほぼ事実であろう。われわれがよく知るところでは、鶏卵やバナナがある。こうした記述を読んでいると、新しい食べものを日常生活に導入するまでの仕掛けは、案外に彼らヤシ（香具師）によったのではないか、とも思えてくる。

さて、一連の文書によると、そうして大岡越前守の改めによってその商業活動を認められたヤシたちは、以後も事あるごとに南町奉行所に出頭したらしい。

たとえば、「香具商人諸書」には、越後国（新潟県）に売薬に出た江戸芝田町の越前屋庄兵衛弟喜兵衛が、土地の若者といさかいを起こし、喜兵衛の訴えで大岡越前守が裁いたいきさつが書かれている。

それにしても、一介の露店商人が越後での喧嘩を江戸の南町奉行所にもちこみ、その取調べのために越後から庄屋以下五七人が召し出され、ほぼ一方的に科料（罰金）を科せられた、という記録は仰々しい。こうした記録にそってみる限り、一三種の香具にはかなりの権利が認められ、道中の安全も保障されていた、ということになる。

なお、現存する『十三香具虎之巻』のなかには、この「香具商人諸書」を重点的に書き写したものもある。

そのあと、改めて大岡越前守の確認を得たという「拾参香具ヨリ相定」が続く。これも前掲文と、ほぼ重複する。

ハッタリ渡世

ということで、この『十三香具虎之巻』をみてくると、ヤシ・テキヤ系の組織は、時の政治権力とうまく結びついて強化されていった、と思われる。

前記の「香具商人諸書」に登場する江戸芝田町の庄兵衛は、その事件の直後（享保二〇年）に「香具師一件――乍レ恐以二書付一御答奉二申上一候」という記録も残している。これは、『十三香具虎之巻』には収められていないが、公儀に提出した記録として、のちに『古事類苑』（明治二九～大正三年刊、文部省編纂）に収録されている。念のため、次に引用しておく。

「一、十三香具《やし》、隠密の話、そう心得られてお尋ねあそばされたが、十三香具と申す職業は、さまざまな薬をつくり売り広める者、口中の一切を療治する入歯師、愛敬芸術をもって売薬する居合抜、独楽回しの類、諸国の妙薬を取次ぐ所、按摩《あんま》導引《どういん》し膏薬を売る辻医師、愛敬見世の覗《のぞ》き、軽業、曲鞠、そのほかいろいろの見世物、日を限った売薬、施し療治薬、艾火口《もぐさほくち》売、往来触売《ふれうり》売薬、歯磨、紅白粉《おしろい》売、薬飴、薬菓子、そのほか市場、盛り場を行き来する商人たちのことを香具という。もっとも、十三香具というのは、丸散丹円膏香湯油子煎薬艾の古実をもって十三香具といったと伝えられる。

また、隠密の訳、そう心得られるところは、職祖である長野録郎高友が、文治のころ自領を差し上げたただの医浪人となった。そして、その医道に従う門弟四百八十八人をもって香具職と唱えた。

　全国津々浦々でいろいろな薬をつくりそれを広めたことも、実は頼朝公のご命令であり、法皇様の御院宣により、平家の残党を訪ね注進申し上げるべく開業したのだった。そして、録郎は長香弾正忠と名を改め、御国役として、間道や近道の案内、非常時の張り番、隠密、この三つの役を務めた。なお、御当家に召し仕える者は、寛文年間に香具職修学所が認められてからは、香具師屋兵次郎へ十分に取締るよう申しつけ、疑わしい者があれば訴え出るよう仰せつけられた。また、その職につきたい者は、そこで師匠より職法を学び、その御用（隠密）筋でお尋ねがあったときは、正確な報告を心がけ、疑わしいことがあれば、内々に師匠に申し入れるよう聞き伝えている。

　右のことにございます、以上

芝田町三丁目駿河屋金右衛門借家
庄兵衛

享保二十年十一月

」

公の記録だからというわけではないが、この記述が最も要領よくまとめてある。これまで触れてきたように、薬を売り歩くことで旅商いの渡世が成立したことが、よくわかる。

それに、もう一つ、隠密という事項がここで初めて出てきた。さもありなん、と思わせるに十分な記述である。時の政権とすれば、諸国の事情を聴取するには、これ以上の適役はなかったのではなかろうか。後段の「香具職修学所」も、何やらお上《かみ》が胆煎りの、のちの例でいうと「陸軍中野学校」のようなスパイ教練所が行間からうかがえるのである。

自らがそれを求めたか、あるいは政治権力による強制だったか、それはともかくとして、隠密という副業を負うことで彼らの組織が強まり、行動が多岐に及んだことは、想像の許されるところであろう。

そして、以後も、テキヤ組織と政治活動は、表だった関係こそないものの決して無縁ではないのである。

以上の『十三香具虎之巻』について、筆者は、実際にこれまで三本の「虎之巻」を見ているのであるが、いずれも記述がまちまちで文脈がつながらない部分もある。

たぶん、筆者が確かめた三本以外にも、現在各親分筋に伝わっている巻物は、その記述内容にかなり曖昧な部分が多いのではなかろうか。もちろん、写本を繰り返したせいである。前述のとおり、そもそも原本（どこにあるかは不明）そのものが、何種類かの文書を収録したものなのである。そのとき、すでに、御都合主義での抽出、割愛の操作が行われていなかったとは断言できない。それを、次々に写していった。その写本者にどれほどの教養があったかはおして知るべしといった印象もあり、末端にゆくに従って極端な短絡と省略化がみられ、文脈がぎごちないものになってくる。

もちろん、それはそれでよい。真贋の程を問うことも、さほどの意味がない。

ここで、改めて注目したいことがある。

それは、テキヤ社会が、ある時期からそれほどまでに故事来歴を必要とした事実の背景である。つまり、大岡裁定があったかなかったかは別として、その後、幕末、明治初年ごろから、テキヤの一家ごとの組織化が進められていったことがうかがえるのである。それは、太政官令によって、ほとんど一夜にして一般庶民が苗字をつけるようになったことで、姓による家系が問題視されるようになり、ちょっとした家であれば家系図を持ち始めた、そうした日本全体の風潮とも前後して関係があった、と思われる。

つまり、立場をかえて、文字を日常的にもたなかった社会に文字が下ってきた時期と考えてみてはどうだろうか。もちろん、それまでにも文字を知る者はいただろうが、それは限られていた。一般的に、テキヤ社会では文字はほとんど不要であった。それが、有力な親分格に限って文字をもつことになった。そして、それは、その社会での権威の象徴となった——。

そこでは、極端にいえば、内容の細目《さいもく》はさほど問題ではない。大岡越前守なり長崎奉行なりの名前が読みとれればよかったわけで、以下は筆跡があればよい。それは、一般家庭での家系図の祖が源氏であったり平家であったり、藤原氏であったり橘氏であったりするのと、その本質においては違わない虚勢というものであろう。

そうした処世術を、ハッタリという。いまはすっかり一般語として定着した言葉であるが、もとはテキヤなど移動生活をする徒のささやかな処世術から生じた隠語だったのである。

ちなみに、つい近年まで、盃事を行うようなときに、名前を改字する例があった。単純な字画の本名だとすると、それを同音の字画の多い文字に変えるのである。たとえば、一夫を賀津雄などとする。そして、盃事の行われる座敷には、それぞれの役割に応じてそうした名前が張り出されるのである。

テキヤ社会では、文字をもつこと、それも一字でも一画でも多い文字をもつことが、この社会での地位を象徴することになった。誰にも見栄があるが、旅まわりのテキヤならではのハッタリ渡世なのであろう。

口伝の社会

口から耳へ

文字をもたない社会、といえば、いささか語弊があろう。文字を必要としない社会、といった方がよいかもしれない。

それは、口伝による社会である。

もちろん、テキヤ社会に限ったことではない。たとえば、大衆演劇は台本をもたないでわずかな立稽古だけで、数百、あるいは千以上もの演目を演じてきた。今日でもそうである、という。また、地方における神楽、俗曲、笑話も、同様に台本は皆無である。すべての言葉を、人の口から人の耳へ伝えてきた。何も、テキヤ社会が特別なのではない。

そういえば、利兵衛が言っていたことがある。

「わしらワンチャ（茶碗屋）に文字、学問は要らん。じゃが、耳学問は要るわの。いや、別に、地獄耳でなあとつとまらんというんじゃあなあがの。耳で聞いたことをよう覚えて、それを口からスラスラッと出せることが大事《だあじ》じゃわのう。

バサ（叩き売り）のタク（口上）を覚えるにしても、わしらは、親方（弟子修業中の師匠）のを聞いて覚えたもんじゃ。夜、布団に入《はあ》ってから、何べんも繰り返し復唱して覚えていった。

あんたらはの、そうやって字を書あて、それを覚えなさるのが常道と思わっしゃるかもしらんが、わしらは学もなあし、字を書あて覚えることはまどろっかしゅうてかなわんのう。そりゃあ、字を書あて覚えるのが正確じゃということはわかるがの。まあ、三つや四つのタクを相手なら便利じゃろう。じゃがの、何十ものタクを覚えるとなると、文字には頼れんがの。いちいち書きとるのもかなわんし、読みあわせるのもかなわん。

それに、タクは、声色の調子というもんがある。それを、どうやって字に書くかの。調子を覚えるのが先で、言葉はあとから適当にはめてもええがの。バサのタクなんて、そんなもんじゃて。

そうじゃ、そうじゃ。歌と同じじゃわいの。まず、リズムを覚えるじゃろうがの。そうすりゃあ、歌詞も自然にのってくる。数覚えようとすりゃあ、字に書こうが書くまあが、それほど変わらんのじゃあなあかの。

耳学問も捨てたもんじゃあなあで……」

しかし、口伝は、おうおうにして、内容を変化させながら伝えてゆく。また、当事者の判断で適当に縮めたり言い換えたりすることも、かなり許容されている。

筆者は、本稿を起こす直前に、備中神楽《びっちゅうかぐら》（岡山県西部、吉備高原を中心に演じられる神楽で、国の重要無形民俗文化財の指定を受けている）の歌と語りを編じたばかりである（『備中神楽の研究』美星町《びせい》教育委員会刊）。一二時間にわたって演じられた神楽の歌と語りを一字一句すべて収録したものであるが、その文字起こしの作業は難航を極めた。

そこで、多くの矛盾を知ることになった。

たとえば、神々の天孫降臨（登場）に際して、登場のわけを述べ神名を名乗るのが定型となっているが、その言葉のなかに、しばしば「ナギナミの命《みこと》」という神名が出てくる。もっともらしい名前であるが、これは、実は、伊邪那岐《いざなぎ》・伊邪那美《いざなみ》の命のことであった。それが、いつの間にか混同され縮められたのである。また、天照皇大神《あまてらすおおみかみ》を、アマテラスコウタイジンと言っている例もある。こうした間違いが随所に出てくるのである。単語の間違いはともかくとして、結果、全体に脈絡がつかなくなっている部分もある。

しかし、神楽を演じ、神楽を見るほとんどの人が、そのことに気がつかない。演技者の表情（大半は面《めん》）や動作、あるいは太鼓の音律に気をとられ、その全体的な雰囲気から物語の大筋を理解することができるからである。

しかし、歌と語りをとりあげて、あらためて脚本化しようとすると、理解の及ばないところがでる。それで、神楽師の長老《ベテラン》に集まってもらい衆知を集めて補正を試みてみたが、これがまたそれぞれに伝承の流儀が異なっていたり、細部の解釈が異なっていたりで、なかなか統一の見解が得られない。しかも、どういうわけか、二つ三つに分かれる伝承形態（この場合は言葉）が、結局はどれもが決定的な間違いでなく、可もなく不可もなく納められるものであったりすることも多いのだ。

元来、文字に頼らないで伝えてきた言葉の世界を、文字をもって再現するということは、思った以上にむずかしいことなのである。

テキヤ社会のとりきめや言葉についても、同様のことがいえる。

たとえば、高市《たかまち》での露店の位置関係についても、各人の見解がかなり違う。神社や寺院に通じる道筋のどのあたりがよく売れて、そこにはどういった種類の露店を出すのが原則なのか、そうした場所割りの位置関係については、たぶん親分衆一人一人で見解がずれてくるのである。ホンドハ（最上の場所）、ケリコミ（往路）、ゴイバ（復路）などという特有の呼称があるので原則がないはずはないが、なかなかそれを導き出して統一できない。

もっとも、そうしたことは、その高市の地形や風向、あるいは背面の地元商店街との関係などにより、高市ごとに変わるので、原則があっても説明がむずかしいせいもある。そして、場所割りについては、それを仕切る親分の権限が唯一絶大なもので、その原則が親分か、あるいは一家の幹部の胸の内にあるので、めったなことでは表に出てこない。

それを口に出して説明し、まして文字をもって整理するとなると、第一に当の本人たちが戸惑うほどの混乱ぶりなのである。

そこで、筆者は、場所割りについては、長瀬忠雄（本家熊屋駄知分家六代目）に手板（場所割り図面）を数種提示してもらって、それを一例ごとに具体的に当たりながら、長瀬自身の見解と原則を整理していった。そのことは、次章で示すが、それでも、それが、普遍的な例とはまだなりにくい。あくまでも、長瀬流の場所割り例なのである。長瀬が語るように、テキヤ一人一人は個人事業主である。そして、高市の仕組みは、それを仕切る親分の胸三寸にある。

従って、商売のたて方についいては、特別の原理原則を求めることが無理なのかもしれない。所詮、安く買って高く売る、つき合いの深い者に良い場所を割る、といったあたりまえすぎる原則しか出てこないのであろう。

あとは、各人それぞれに違っている。

すると、テキヤ社会での絶対原理のようなものは何か――。

それは、商売の原理ではなく、組織の原理である。

盃事の作法

テキヤ必須の原理、それを知らないでは渡世ができない作法というのも、多くはなさそうである。

盃事
挨拶

つきつめると、右の二つしかない。この二つに関しては、誰に確かめてもきちんとした統一見解が出てくるのである。各人の商法、各人の見解が許容されているテキヤ社会で、盃事と挨拶は一定の法則に従って行われるもので、個人的な解釈や操作が入りこむ余地がない。

盃事、挨拶ともに、前に利兵衛の語りの中にも出てきた。

また、利兵衛の語りに関連して、盃事には、神農盃《しんのう》(襲名盃)、親子盃、義兄弟盃、仲直り盃などがある、と述べた。

そうした盃事は、テキヤ社会では、最も華やかな儀式となる。

神農盃を代表とする基本的な盃事は、次のような要領で進められる。

まず、必要な人員は、盃を譲る者、盃を受ける者の当事者両人をはじめ、推薦人、取持人、媒酌人、見届人、来賓、身内兄弟衆、それに発起人などである。神農盃など大がかりな盃事ではこうしたこまごまとした役割があらかじめ決められ、事前の挨拶状にも名前が書きこまれるのが通例となっている。

神農盃で、手刀をきって清める媒酌人、長瀬忠雄

酒を注いだ盃に塩と魚を盛る

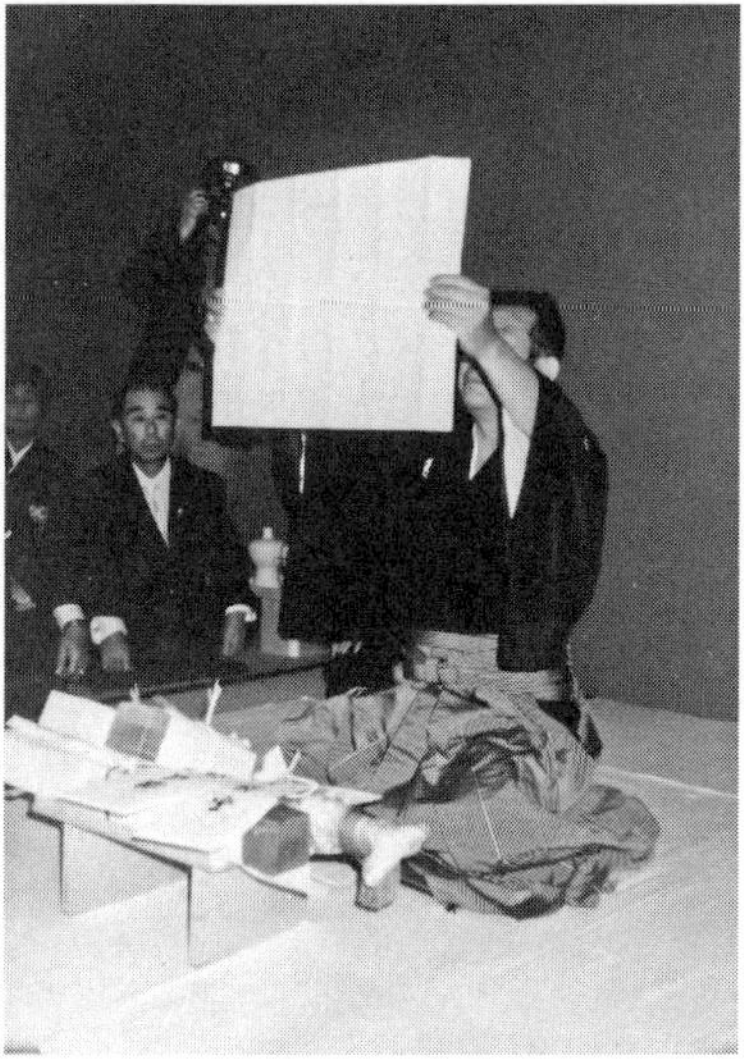

神農盃で目録を読み上げる媒酌人

そして、当日は、広間の正面に祭壇がしつらえられる。祭壇には神農像の掛け軸を上段中央に祀り、その前に鏡餅、神酒、五穀（米、麦、粟、黍、小豆）などを三方にのせて供える。中段には、正面に盃事に使う神酒（神酒徳利に二本）、左右に鯛二匹（これも盃事に使う）、海のもの（昆布、するめ、寒天など）、山のもの（栗、椎茸など）、野のもの（野菜、果物など）を供える。そして、下段には、正面に盃（カワラケ）二つ、その右に箸と盛塩、左に菓子などを置く。神農盃の場合は、特に、それに譲渡証（目録）が添えられる。その内容は、神農像（掛軸）一幅、巻物（『十三香具虎之巻』）一巻、魂（太刀）一振《ふり》、末広（扇子）一対、魂旗一旒《りゅう》、それに承認証である。もちろん、それらもそこで披露される。

以上が、祭壇の基本的な飾り方である。三段二四品が正式であるというが、このごろは一五品ぐらいですませることもある、という。なお、上段には大ロウソク二本（左右）、下段には中ロウソク一二本を立てる。下段のロウソクは月にみたてているものだそうで、閏年《うるう》には一三本となる。もっとも、こうした基本形式は関西、中京地区に共通するもので、関東あたりでは若干の違いがある。また、ふつうの内輪の義兄弟盃などでは、祭壇には神農像と神酒、初穂（米）、盃が供えられる程度に省略される。

大がかりな盃事では、祭壇の両側の壁に推薦人、取持人以下関係者の名札を貼る。祭壇の前は、向かって右側を上位とする。参列者は、定められた座席に着く。

盃事での主役は、もちろん盃を譲る者と受ける者であるが、実質的には媒酌人の役が重要である。これは、一家外の遠縁の親分や元老が務めるのが原則の重責で、ちょうど結婚式での仲人親に相当すると思えばよい。盃事は、媒酌人の言葉と仕切りによって進められ、見届人の確認で終了する。

盃事の作法については、先の祭壇のしつらえ方を含めて、神社神道における祭式儀礼に準じたもの、と考えればよい。あるいは、日清・日露戦以降第二次大戦までの出兵式、凱旋式などとも似たものである。また、博徒系ヤクザの盃事も、その作法はほぼ同様である。ただ、テキヤの盃事では、祭壇中央に神農像を飾る。これは、他にはない形式で、それをもって他と一線を画している。

盃事の作法がいつごろ定型化されたか明らかでないが、ある時代に時の特権階級の作法を密かに模し、時代が移り変わってのちそれを形式化してかたくなに守り伝えたという想像は許されるであろう。以後その前時代的な保守性を業界の誇りとした、という想像も難くない。

では、テキヤ社会で最も重要な儀式の一つとされる盃事の意義は何か、と改めて問うてみる。それは、盃が娘役（神前結婚式での巫女役に相当だが、ここでは若衆）によって盃を譲る当事者（心もちだけ残して三口で飲む）、見届人（その確認をする）と配されたのち、媒酌人によって注ぎ足された神酒が盃を受ける当事者の前に運ばれるが、そのときの媒酌人の挨拶に表わされている。

「その盃をお飲みになりますと、あなたはただ今から当代となられ、神農として業界の指導者の位置につかれるのであります。かねてよりお心構えはできておられると存じますが、神農ともなればこれよりも増して苦難が多く横たわっています。その御決心を示されるべく御心持でお飲み干し下さい」（神農盃の場合）

「この盃をお飲みになりますと、ただ今より義兄弟になられます。一つの血が分れたのが兄弟で、二つ以上の血が一つになったのが義兄弟であります。義とは、行いであります。真の兄弟以上の交わりをもって、業界の進歩発展のための行いを尊んで下さい」（義兄弟盃の場合）

「この盃は、親子固めの盃です。ただ今より、子は親にすべて従わねばなりません。たとえ白いものでも、親が黒と言ったら、子も左様でございます、黒でございます、

と答えなくてはなりません。守れますか。守れるなら、お飲み下さい」（親子盃の場合）

つまり、前にも述べたが、盃事とは、テキヤ社会での階級確認の儀礼ということができる。他の社会での辞令に相当する、といってもよい。従って、受けた盃は、後生大事に持っていなくてはならない。

また、それは、さまざまな条件のもとで露店を張り、旅に巡る渡世への覚悟のほどを示すものである。それによって、とかく面倒な旅の渡世を渡りやすくするという意味もある。盃事を数々経験し、それも大きな盃事を経験することが、この世界での人望を表わすことになるのである。

取持人や預り人（原則として、神農盃以外では取りかわした盃を預かる役がつく）が盃事が無事終了したことを告げる挨拶にも、そのことがうかがえる。

「この御《お》盃事を納めさせていただきますのに際し、当事者ならびにご列席の皆様方に一言申し添えます。盃事は、家門の誉れです。私、一家に帰りましたら国元一同の方々に、また全国津々浦々に参りました節には他一家の皆々様にも、このおめでたい御盃の模様を吹聴させていただきます」

一般の会社での入社式、辞令公布と同じような儀礼といえなくもない。しかし、時代を経てなおこういう旧式な盃事を今日に厳重に伝え残すことで、テキヤ社会がとかく異端視されることになったこともいなめない事実である。くどくなるが、筆者は、それを口伝社会の残照とみている。

挨拶の作法

そこでは、まず、挨拶の口上の良否が問われる。

盃事でのいちばんの大役は媒酌人である。その作法はもちろんだが、挨拶の口上が媒酌人の器量を量るいちばんの要素とされている。

もっとも、それは、テキヤ社会に限ったことではない。が、特にテキヤ社会では、きちんと挨拶のできる人間は尊ばれるのである。

ふたたび、利兵衛の言葉を用いる。

「まあ、人間、挨拶をさせりゃあ、その人の格というものがわかるわのう」

そう言って、利兵衛は、初対面の同業者に対する挨拶例を教えてくれた。

それは先に述べたとおりであるが、それだけではテキヤの挨拶のしきたりを説明するのには不十分である。こうした場合の挨拶は、相手（受け手）の呼吸（返答）を測りながら進行させるものだからである。そのあたり、テキヤの挨拶法はヤクザの仁義とよく似ているともいえよう。

まず、挨拶を送る作法から——。

ふつう路上や土間では、体をやや斜めに傾けて、右手を広げて下《おろ》す。左手は、左足の膝にかけて垂らしておくが、その場合、自分が一家を構えている親分格なら親指を他の四本の指の中に隠し、親分もちの若い衆なら親指を見せるのが厳格な作法とされている。頭は下げるが、眼は正面に向ける。

このとき、指輪、時計、ネクタイなどはすべて外さなくてはならない。帽子も取って、その内側を見せるように置く。つまり、何も隠し持っていないことを表わすわけで、右手を広げる姿勢にも共通する。

そして、先の挨拶に入る前に、慣例の口上が交される。

「まちがいましたら、ごめんなさい。兄《あん》さんはお友だちじゃあございませんか」

「御意《ぎょい》にございます。おひかえなさい」

「手前、旅中でございます。どうか、兄さんからおひかえ下さい」

「おひかえなさい」

これは、双方でへりくだりながら相手をたてる口上である。ちょうど、相撲の仕切りと同様で、相手の呼吸を測っているわけである。言いかえれば、互いに人間を量り合う。どちらが控えるかの決まりはないが、だいたい挨拶を受ける方が控えるもので、それから次の言葉をつないで、先の挨拶に移ってゆく。

「さっそくおひかえ下さいまして、ありがとうございます。あげます言葉、前後まちがいましたらごめんなさい。

私、生まれも育ちも……」

以下、生国《しょうごく》、家名、氏名を型どおりに名乗っていくわけである。そして、それを受けた者も、同様に名乗りをあげる。

ここで、注目すべきは、名乗りの冒頭に、〝あげます言葉、前後間違いましたらごめんなさい〟とことわる部分である。わざわざそう言うということは、めったなことでは挨拶の言葉を間違えられないという約束事を表わしている。それほどに挨拶は大事な口上であり、それがきちんとできないようでは同業者とは認めてもらえないのである。

そして、一家を取仕切る親分ともなると、さらに格調の高い挨拶をすることが求められる。

「私、生まれも育ちも岐阜県は土岐市駄知《だち》町です。渡世のつながり縁もちまして本家熊屋名のります駄知分家六代目、姓は長瀬、名は忠雄と申します。いずれいずこの土地に参りましても、私はもとより若い者一同、親分さんはじめお友だち衆におせわになりがちです。きょうこう万端お見知りおかれまして、以後宜しくおたの申します」

（長瀬忠雄による挨拶例）

その長瀬が言う。

「利兵衛さんのアイツキ（挨拶）と私のアイツキは少し違いますが、まあ、いずれにしても、生国、家名、名前（氏名）をきちんと相手に伝えることが本筋なんです。もし、不作法な挨拶をする者がおったら、それはつっ返すなり、制裁を加えてもいいわけで……。まあ、だいたいは、ちゃんと稽古をしてからでないと、アイツキなんか切るもんじゃあないし、受ける方も、未熟な者は相手にせん。まさか、アイツキでゴロ（喧嘩）を仕かけて殴り殺すこともないですからな。

実のことを言うと、このごろは、昔ほどアイツキを厳重にはいわん。もう、正式に言えん若い衆もおる。私のニワバ（取仕切る高市）に来る客人のなかでも、ちゃんとアイツキがきれるのが三分の二ほどで、あとは、〝何々一家の何々です〟と言うだけで済ませる者が増えてきた。一方で、ヤクザ映画を見たりして、ヤクザ者の仁義にあこがれて、やたらと格好つけるような者もいたりして……。まあ、昔に比べますと、崩れてしまいましたなあ。

それも、仕方がないんです。昔は、この世界に女はおらなんだ。少なくとも、女が表には出なんだもんです。いまでも、正式に女を認めとるわけじゃあないんだが、自動車で旅に出るようになると、女房を連れて高市《たかまち》に出てくる。見てごらんなさい。女房が取仕切っとるような露店《みせ》も多いでしょう。ああ、チャクトウ（出店の申し込み）も女がつけることもあります。

そういう時勢ですから、正式に女を一員として認めたわけじゃあないが、それが女房であれば準会員、準テキヤとして黙認しないわけにはいかんでしょう。そうなると、アイツキの作法がどうの口上がどうのと、うるさく言うわけにもいかんことになりますし。

男は、女に弱いもんですなあ。

男の世界を崩してゆくのは、こりゃあ、女ですよ。女に敬意を表して言うなら、この社会の改革、改善は女の力でなされてゆく……、ということになるですかな。

ズキサカ（盃事）でも、最近は女房衆が礼服を着て末席をけがすことがでてきましてね、記念写真に納まるなんてことはもうあたりまえの風潮ですな。そうしちゃあいかんという決まりもないし……。

そう、そう、テキヤ社会の決まりは、自動車や記念写真が流行《はや》ることまでは計算にいれずにつくられたもので……古いといわれりゃあ古いままであるし、粗い決まりといわれりゃあそのとおりだし。だいいち、この世界の決まりは、言い伝えにだけ頼ったもので、法律のように書かれたものがない。ごらんになった『十三香具虎之巻』にも、由来と職種だけで、ズキサカやアイツキの決まりまでは書かれとらんでしょうが。それやこれやで、変わってゆくのも仕方ない、と私は思うとるんですわ。もちろん、私の一代は旧式を伝えますがね……」

ここで、長瀬の言から、筆者はさらに想像をたくましくしてみた。

たしかに、テキヤの社会は、一面では厳しいおきてや慣習に従って維持されてきたようにみえる。

盃事による親子、兄弟の縁は、実の家族よりも大事にされた。挨拶や身内のつき合いごとには、煩しい作法が伴った。約束事を破る者には、破門や所払いなどの制裁があった。それは、事実である。

が、それは、あくまでも不文律であった。

それは、いうならば、旅の生活を継続させて共存させるための最小限の約束事にすぎなかった。つまり、同業者間を横につなぐ法則であって、組織の縦の関係を強化するものではなかった。

本来、一家の親分と若い衆の関係も、商売に関しては同等である、とした。家名を名乗る組織は、個人事業主の組合に相当する、とも言った。

さらに、テキヤ社会には世襲制度がない。親分も、たとえ実の息子がテキヤで活躍しているとしても、家名を譲ることはできない。将来、息子が自力で頭角をあらわすことがあっても、それは父親とは無関係で、必ず他の人から盃をもらうことになる。その慣習は、今日でも厳守されているのである。

また、一人一人のテキヤの商売も、原則としてその人間一代のもので、引退時に地位や得意先を誰かに譲るような習慣はない。

ある意味では、まことに自然で個々平等なのである。

そのあたり、あくまでも商人《あきんど》に共通の自立的で融通性のある体質が強く感じられる。重ねて言う。

ヤシ、テキヤ系の者は、小なりといえども、れっきとした商人である。その組織は、零細な行商人の横の連帯を図るもので、旅がつつがなく成りたつべく整えられている。そこでの厳格な約束事は、おもに身分の確認（挨拶・盃事）に伴うもので、商活動に関しては一定の手続き（場所割り）に従うものの、それは時と場合により少しずつ違ってくるものであった。要は、互いに平等で、共存できればよかった。そのとき、この文字に頼らない柔軟性が、これまできわめて有効な働きをしてきたと言えるのである。

高市《たかまち》のにぎわい

露店《みせ》を張る

盃事や挨拶は、テキヤ社会の内輪の行事や作法であって、ふつうわれわれ非テキヤの者が同席して確かめることができない部分である。

だからこそ、その部分においては、他からの影響や干渉をほとんど受けることなく、独自の慣習を守り続けている、としてよい。テキヤ社会を構成する人がみな共通の認識をもって、姿勢を正してのぞむ慣習である。それを、先には、文字を必要としない社会での原則部分、といった。

次に重要なのは、高市《たかまち》での、場所割り（露店の場所を決めること）の手続きである。場所を割ることについては、その高市を仕切る親分ごとにさまざまな配慮と独断を加えることが許容されており、普遍的な原則を導き出すことがむずかしいということはすでに述べた。しかし、それに至るまでの手続きには、きちんとした順序がある。

まず、その高市に露店を張りたいと思う者は、ネタヅケをしなくてはならない。

このあたり、利兵衛の話でも、少し触れた。

高市は、その規模によって、場所割りの日時が異なっている。ふつうの高市であれば、当日の早朝、三日以上も続くような大高市であれば前日か前々日に場所割りが行われるので、それに間に合うように集合しなくてはならない。そして、所定の方法に従って、出店の申し込みをする。それを、ネタヅケというのである。

ネタヅケは、現在では、札《ふだ》(小さな紙片)に家名、氏名、商品名を記入して受付けてもらう。それは、昭和になって、特に戦後、店数や商品の種類が増えてから行われるようになった方法で、以前は口頭での申し込みだった、という。

そのとき、場所代を払う。ときとして一般語としても通じる、ショバ代である。これも、高市ごとに違う。その高市を仕切る親分が、運営するのに必要な経費を見積り、出店数で割って計上した金額が基準になる。高市の運営に必要な費用というのは、道路交通法に基づく警察への手続き代行の費用、寺社への謝礼、地元商店街や道路脇の民家への挨拶料など一切である。電気代や掃除代は、含むこともあれば、別に必要なだけ徴収することもある。

さて、ネタヅケが済んだら、その高市を仕切る親分は、テイタ(手板)をつくる。

テイタというのは、露店一軒ずつを書きこんだ場所割り図である。現在は、厚紙に描かれるのが一般的だが、かつては板に墨で描かれていた。大工が見取り図を描く要領である。

しかし、かつての手板は、商品の種類ごとに○とか×とかの符号が記されており、そこには文字がほとんど用いられなかった、という。

さらに、利兵衛など明治生まれのテキヤ二、三人に聞いたところによると、古くは手板が描かれない場合もあった、という。高市を仕切る親分が、地面に棒切れで略図を描いて指示したというのである。

元来、場所割りの図は、親分の頭の中に描かれるべきものであった。従って、そこからは普遍的な原則が導き出しにくいのである。

実際の場所割りはどのようなものだろうか――。

場所を割る者、割ってもらう者、全員で現場を確認するのである。

これは、われわれも、見ようと思えば見ることができる。ただし、高市のたつ早朝か前日、前々日にそこに行かねばならない。

たとえば、長瀬忠雄（本家熊屋駄知分家六代目）のニワバ（庭場）である北山（土岐市駄知町）の稲荷市（三月）の場合。出店数約一五〇の中規模の高市であっても、日だて（一日）であるから当日の早朝に場所割りを行う。その次第――。

夜明け早々に、次々に出店者がチャクトウ（到着）をつける。ほとんどがワゴン車でやって来る。車の天井上にフレームがついており、そこにもダンボール箱や屋台の材料が積まれている。　ナンバーを見ると、地元の岐阜、愛知ナンバーが多い。なかに少数ながら、静岡や三重のナンバーがある。道路脇に、そうしたワゴン車が列をなす。

夫婦らしき組が多い。男たちは、鍔《つば》つきの帽子をかぶった者と、パーマを当てた短めの髪形の者が目につく。そして、黒の革ジャンパー姿が多い。女たちは、一様に毛を染めているが、化粧気がない。素顔に口紅を引いたぐらいで、アイシャドウもマニキュアもつけていない。そして、ズボンに前掛け姿である。

人数が集まってくると、そうした服装や髪形、化粧の特徴が強まり、独特の雰囲気が生じる。あるいは、異様な雰囲気とでもいうべきか。

トラックの車庫を使った受付け場所は、騒然としている。

「○○一家の○○です。宜《よろ》しゅうおたの申します」

次々に、名乗りをあげてネタヅケを行っている。

同時に、長瀬の指示で、テイタが描かれる。まるで将棋の駒を動かすように露店の位置が二転三転してゆき、その場はやや殺気だってくる。

その間、ネタヅケを済ませた者は、ワゴン車に乗ったまま、あるいは、まわりに立って待つ。または、例によって喫茶店に行って待つ。

警察からパトカーが二台出動して、交叉点にスタンドを立てる。

〝午前八時～午後六時　諸車通行止〟

そして、そこに警官が四人残る。

夜が明けきった八時すぎ、長瀬から、全員招集のふれが出た。

道路の真ん中に長瀬が立ち、皆がそのまわりを囲う。長瀬の頭が人垣に埋もれ、声だけが伝わってくる。

「お客分の皆さん、本日はご遠路をお集まり下さいましてありがとうございました。ただいまより、ショバワリ（場所割り）を致します。

ショバのご確認が済みましたら、すみやかに荷を下していただき、自動車《くるま》を移動して下さい。駐車場は、北山バス停の脇の西濃運輸の駐車場をご利用いただきます。

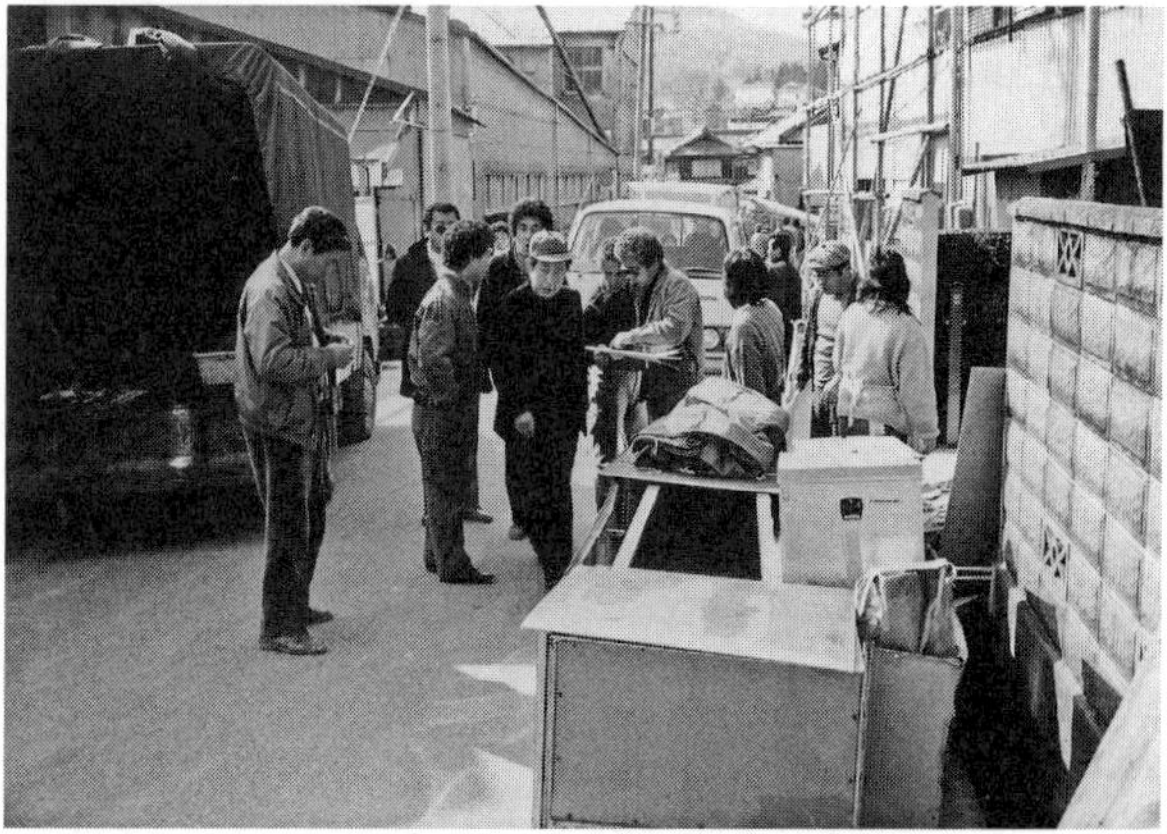

場所割りは早朝に行われた

水は、特別に用意しておりません。各人で近くの店《たな》とご交渉下さい。

なお、本日のハネ（閉店時間）は、午後五時と致します。ゴミはすべて黒のビニール袋に入れ、所定の場所に置いて下さい。特に、側溝《そっこう》（道路脇の溝）に落ちているゴミを忘れないようさらって下さい。

よろしくご協力いただきます」

長瀬の挨拶が終わったら、長瀬を囲んだ人垣から一斉に声があがった。

「おたの申します！」

人垣が崩れる。

そして、人の群は、アメーバーのように分離集合しながら、通りを一定方向に足早に移動してゆく。

その先頭で、長瀬の一家の若い衆が二、三人、テイタをのぞきながら大声で読み上げる。

「タコ（タコ焼）の○○さん！」

「チャモ（玩具）の○○さん！」

それに、該当する者が、指された路上の場所を素早く確認して答える。

「はーい！」

「おたの申します」

通りに、朝日が橙色の光を投じる。

次々に、露店が立つ。朱色の台（売り台）、片流れの屋根、赤、白に染め分けた幕が、昨今の露店の基調となっている。

華やかに、高市が始まった。

親分の役割

「始まってしまえば、仕舞《しま》うまでは、私は比較的時間が自由になる。このごろは、うるさいもめごとは少のうなった……。

一緒に、朝飯でも食べんかね」

そう言って、長瀬は、うどん屋の暖簾をくぐる。

その、いささか古びたうどん屋にも、露店《みせ》を立てたばかりのテキヤ衆が席を占めていて、ビールを飲み、うどんを食べている。

長瀬が言う。

「地形や風向や、いろいろ自然条件によって違ってくるから、いちがいに、どの場所が良いとも悪いとも言えん。微妙なことで、客の流れや集まりは違うもんなんです。

まあ、それでも、高市《たかまち》ごとに、ほぼ毎年客足のいい場所がある。私らが、ホンドバと言っている場所で、お宮さんやお寺さんの近くで、道が集まったり交叉したりしているところです。

そういうところへは、この世界での地位とつき合い加減で顔をたててあげにゃあならん人に場所を割るんです。ホンドバでは、できるだけ、同じネタ（商品）が並ばんようにも配慮する。

それから、ケリコミとゴイバという客の流れの習性がある。ケリコミは入り道（往路）、ゴイバは返り道（復路）のことで、どちらかというとケリコミは流れが速く、ゴイバは流れが遅い。

ケリコミ向き、ゴイバ向きのネタと聞かれると、そうはっきりと傾向が決まっとるわけでもないから説明に困る。まあ、常識的に、ゴイバでは客の足を止めてもかまわんから、ランバリ（着物）やザッカ（竹細工）やタンポ（海産物・肴類）のように客が手にとって選ぶようなネタを中心に場所を割る。ワンチャ（茶碗）やヤホン（古本）なんかのバサ（叩き売り）は、ふつうゴイバの尻につけます。他のところでは、客足を止めてじゃまをすることになるから……。

また、タカモノ（見世物＝興行）やハボク（植木）は、広い場所をとって客足を止めてしまうから、こうしたネタはケリコミやゴイバから離して別に場所を用意します。まあ、原則はあるが、実際には、ケース・バイ・ケースでして……」

何人もの露店商を集めて高市を運営することは、はた目で見るほどラクなことではない。

まず、その祭礼なり縁日の主催者たる神社や寺院の門前を借地することの交渉、次に、民家の庭先や私道の境界の確認、隣接民家への挨拶、地元商店街との調整、そして水や電気の使用など、事前に解決すべき問題がたくさんある。

それに、地元の警察署に、道路使用法に基づいた申請手続きがある。これは、使用図面をもって申請しなくてはならない。さらに、近年は保健所対策も加わっている。

こうした準備を個人的に行おうとすれば、ひどく手間と時間を要するものである。たぶん、二日も三日もかかるであろう。また、挨拶や交渉を受ける地元の側も、各々に来られたのでは応じきれなくなる。

そこで、そうした事前の準備、あるいは後始末を一括して引き受けてくれる代理業的なものが必要になる。それが、各地に散在するテキヤ一家のニワバ組織となるのである。テキヤ組織そのものの発生もそのあたりに起因する、と考えられようか。

従って、一家を構えるテキヤの親分は、必ずしも割のいい役ではない。もちろん、出店者からのショバ代（場所代）の一部（必要な経費を除いた残り）は、一家の運営費や親分の収入になるかもしれない。が、それは、たいした額は見込めない。テキヤは、互いに互いのニワバを往き来して商売をしているのである。一か所だけに利益がかたよるようなら、高市を開くことさえむずかしくなる。濡れ手に粟式の権威に頼ったも

高市の場所割り例　昭和58年11月11日・多治見市笠原

凡例

● ジンバイ（口上を述べずに売る形式）
■ コロビ（口上、実演などの人寄せの要素を加えて売る形式）
▲ 大ジメ（ぐるりに人を集めて、実演やゲーム要素を加えて売る形式）

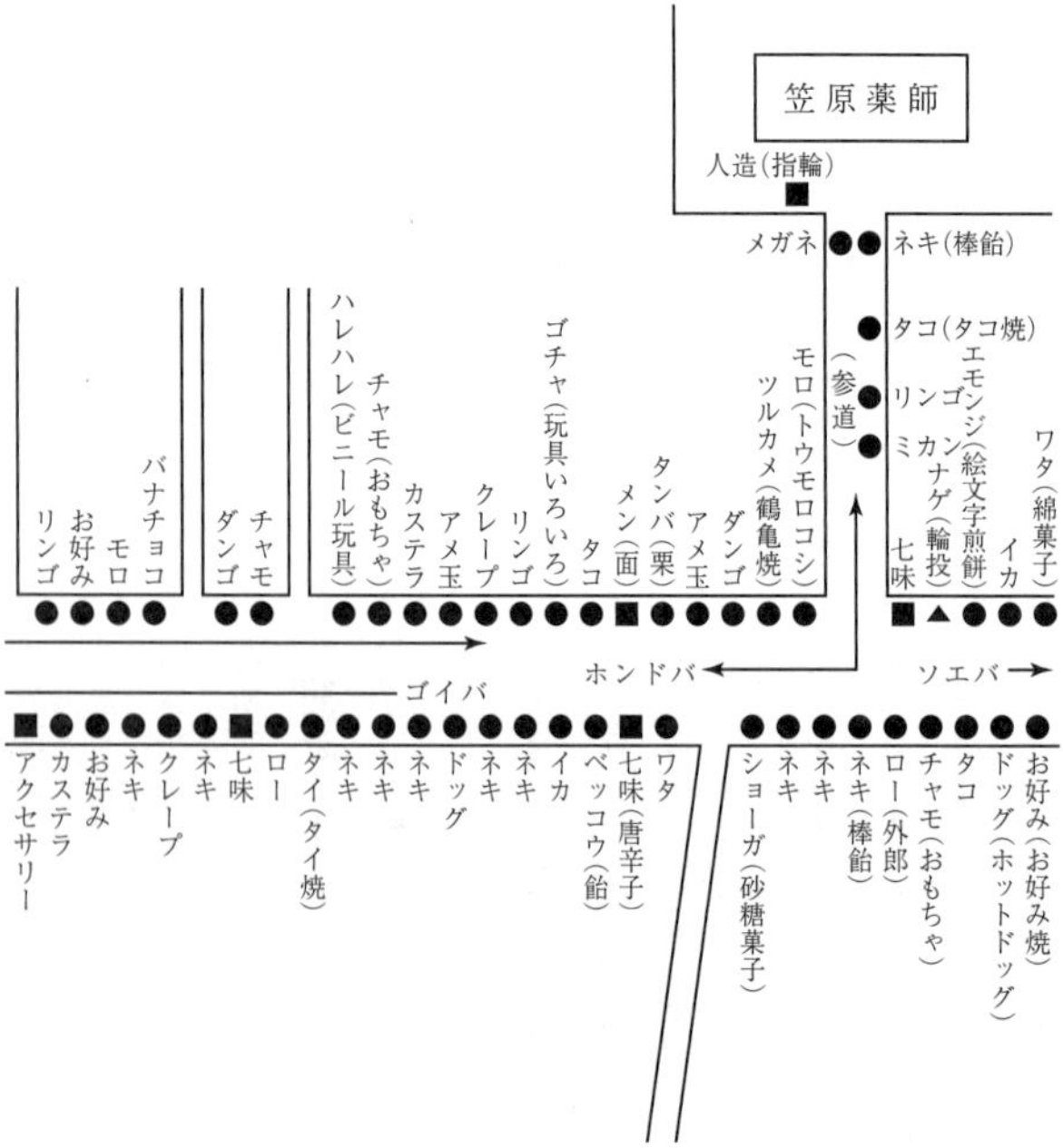

注(1)参道が狭いので、堂前に露店が少ないが、参道が広いところでは両側に露店が並ぶ。

注(2)人の流れをケリコミ→ホンドバ→薬師→ホンドバ→ゴイバと仮定する。その場合、ホンドバが最も人が寄りやすい場所（商売上良い場所）となる。

注(3)当地はやきものづくりの盛んなところなので、茶碗屋は出ない。もし茶碗屋が出店する場合は、ゴイバの最後に茶碗屋だけを並べてつける。植木も同様。

注(4)大ジメ（見世物中心の販売法）は場所をとるので、出店の申しこみがあれば、ソエバにつける。茶碗屋をソエバにつけてもよい。地元のバザーなども、ソエバを使ってもらう。

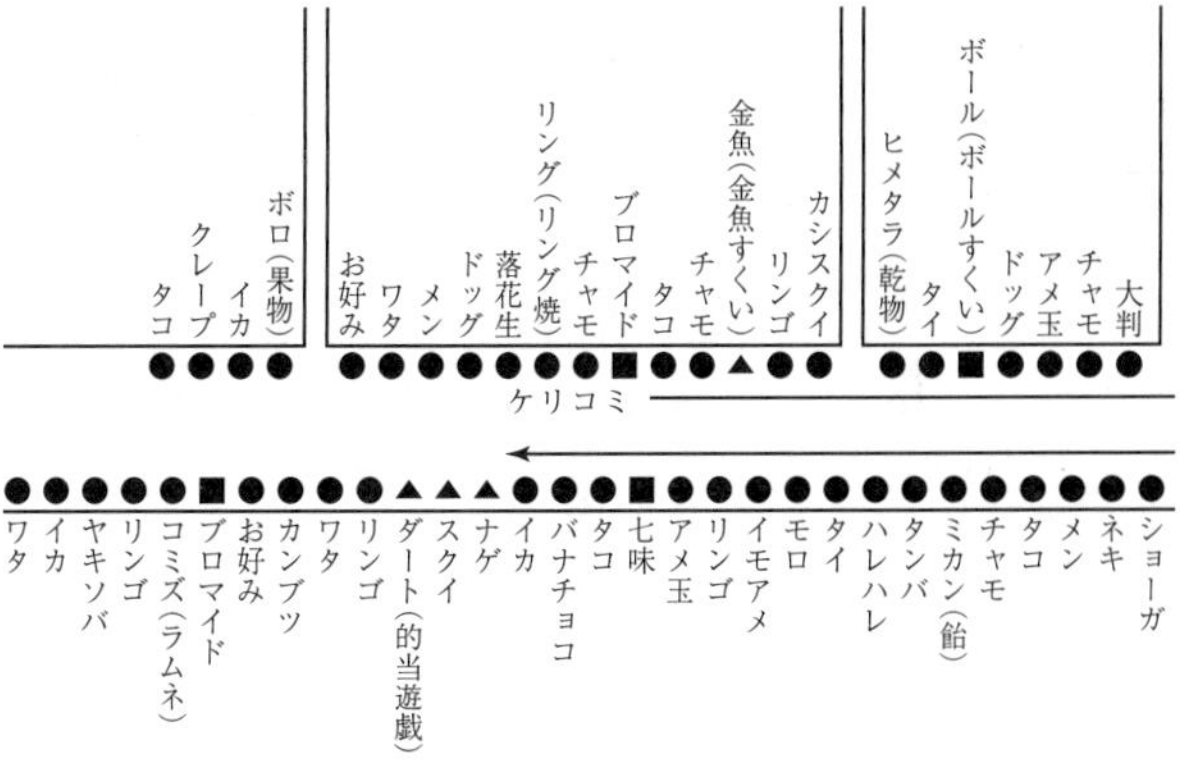

うけ主義は、どうもテキヤ社会では通じそうもない。

もっとも、そう思うのは、筆者の主観にすぎない。が、高市をとり仕切るかたわら、親分自らも露店を出している状態や、高市の終わり際に掃除代（経費が不足した場合の場所代の追加徴収の名目）を集めざるをえない状態を見るにつけ、そう実感するのである。

なお、テキヤのニワバというのは、本来は特定の高市に関してのみの権利であった。それが、いつごろからか、その土地を通年とり仕切る権利であるかのようにとられがちになってきた。だから、ヒラビ（高市以外の平日）の露店営業にもその土地の親分への仁義が慣例化している。

テキヤさまざま

これまで述べてきたように、元来、ヤシ、テキヤ系露店商人の商品の種類は多くはなかった。薬品、香具が旅商いの主要な商品で、ヤシの語源も薬師にあり、それが香具師と表示されるようになったと先に触れたとおりである。

ところが、江戸も中期ごろになって、街道整備が進んだり、浅草の仲見世のように大高市《おおたかまち》の一部が常設化されてくると、ヤシ、テキヤの扱う商品が増えてきた。商品が増えるということは、露店商人の人数も増えたわけで、そこにテキヤの組織化がみられるのである。

さらに、明治時代になって鉄道交通が発達すると、商品の種類はいよいよその数を増した。茶碗に代表されるセトモノ（主に磁器）も、その運搬の難度を考えると、鉄道開設以後の商品といってよい。

つまり、その商品をいちいち列挙するまでもなく、大型の施設や工業製品を除いて、ほぼ身辺の日常用具がすべて露店行商の商品となってきたのである。大規模な高市であれば、食品、食器、和洋服、荒物雑貨、薬品、書籍、玩具、古物骨董、それに見世物興行まで、ほとんど何でもある。高市は、路上の百貨店となって久しいのである。もっとも、質は問えない。

そこでは、百貨店を含む一般小売店の商品分類とは別の分類がなされている。テキヤの商法分類とでもいうべき独特の区分けである。

大別すると三種がある。

まず、ジンバイ――。

ヒラミセともいう。呼びこみや口上をつけずに黙って売る方法で、さまざまなホヤキモ（タコ焼、焼ソバなど種々の食べもの）、チャモ（玩具）、ハボク（植木）など現代的な商品が中心となっている。

次に、コロビ――。

ジンバイが比較的新しい商法だとすると、旧来の商売をまとめたものがコロビということになる。テキヤの商売そのものをまとめてコロビということもある。ジンバイを静的な商売とすると、商品の品質に関する説明を加えたり、実際に使ってみせたりして売るのを原則とする動的な商売である。さらに、コロビのなかが次のように五つに分かれる。

コミセ――リンゴ箱一つ、棒一本などに商品をのせたり掛けたりして商うもので、比較的小資本による原初的な商法ということができる。今日に伝わる商品は、アゲチカ（風船）、ネキ（飴）に代表される。

サンズン――ロップク（財布）、オロク（櫛）、ヨミ（暦）、ナンテン（箸）、チンピ（七味唐辛子）、ネキ（さらし飴）など、売り台に商品を並べて商う方法で、最も一般

高市では、手づくりの玩具も売られている

的である。説明書や口上がついている場合が多い。

かつての売り台には戸板が使われていたが、これは高市に行ってショバ（場所）を割ってもらったのち、近所の民家から雨戸を一枚借りてきて使ったものである。現在は自動車で売り台を運ぶことができるので雨戸を借り歩くようなことはないが、場所割りに関しては、一店の間口《まぐち》の単位が戸板の内のり五尺七寸五分（約一七四センチ）のままで伝えられている場合が多い。

なお、サンズンというのは、本来その戸板などのせる台（足）のことである。三尺と三寸を基本数値とした小割り（角材）のことで、一辺に四本で計一六本、細引き（紐）で組み縛ると台柱となる。戸板は借りられるが、このサンズンは借りられない。サンズンは、露店を張るテキヤにとって商品についで重要なもので、まとめて縛ればちょうど持ち運びができる大きさと重量なのである。

大ジメ——特別な売り台を設けず、居合抜きや独楽《こま》などの曲芸を演じて周囲に人を集め、タンカ（口上）をもっておもに薬品類を売る方法をいう。現在も蝦蟇《がま》の油（筑波山）やハブ薬品（大阪）などの販売に大ジメが伝えられているが、かつては万金丹、反魂丹などさまざまなネタ（商品）が用いられていた。先にヤシ、テキヤの起源について述べたが、この分野でもっぱら薬品類を扱っていることや、松井源水（独楽回し）や長井兵助（居合抜き）など巷間語り伝えられた名人ヤシもこの分野から出ていることなどから、古く大ジメがヤシ、テキヤの本流にあったのではないか、と思われる。なお、ロクマ（易者）、家相人相見も同類である。人の集まり具合によって、中ジメという分類を用いる場合もある。

バサウチ——これも特に売り台は設けず、地面にネタを並べ置き、任意でとり出したものをタンカと叩き（値段落としに手を叩いたり箱を叩く方法）で売る方法で、俗に叩き売りといわれるものである。バナナのバサ（叩き売り）が有名であるが、それはバナナの輸入が始まってから後のことで、歴史的にはセトバサ（陶磁器のバサ）が古い。セトバサは、ワンチャバサ（茶碗屋のバサ）ともいう。同様に、ヤホン（本屋＝おもに古本）、ランバリ（着物）のバサも古くからある。

遊戯——シャテキ（射的）、ナゲ（輪投げ）、スクイ（金魚スクイ）、アワセ（数あわせ）、パチンコなどであるが、これもコロビの一種としてよい。かつては、ワリゴト（ギリゴトともいう賭博）もあったそうだが、現在は許可されていない。

最後に大分類で、**タカモノ**——。

いわゆる芝居、見世物などの仮設興行をいう。いまでは常設化、大規模化している映画、ストリップ、サーカスなども、もとはテキヤの仮設興行から発したものである。また、明治以降に各地で流行した博覧会もテキヤが仕切ったものが少なくない。現在では、仮設興行権（知事認可）をもつ一家でないと、この種の興行を仕切ることはできない。

大まかには、以上のような三つの大分類と、さらにコロビについては五つの小分類ができるかと思うだろう。

しかし、これをもっても正確なテキヤの商法分類とはいえない。先にもことわったように、そのあたりの解釈は親分筋の者でさえ一人一人が微妙に違っており、また、商品が時代ごとに拡大傾向にあり、普遍的な分類を求めることはむずかしいのである。

なお、以上は高市での商法分類である。

テキヤは、高市での露店が主たる商いであることはもちろんだが、高市以外でも、つまりヒラビ（平日）でも商業活動を行う例も多い。その場合には、先の分類に加えて次のような分類がある。

ヤサバイ――民家の軒先や土間を長期間借り、一般の商店と同様の商いをするもので、タタキ（土間）ともいう。

ヤサゴミ――戸別の訪問販売。

ハコバイ――汽車、汽船などの中で商うものであるが、近年は車中や船中での商品販売が禁じられている例が多く、ほとんど姿を消した。

以上、テキヤの商売のさまざまについては概略おわかりいただけたであろう。

そこで、あらためてご注目いただきたいのは、タンカバイの一種、バサウチである。つまり、タンカ（口上）を用いた叩き売りである。それは、ワンチャ（茶碗）、ヤホン（古本）、バナナに代表される、と先に述べた。

「ものの始まりが一なら、国の始まりは大和の国。泥棒の先祖が石川五右衛門なら、人殺しの第一号は熊坂長範。巨根《まら》がでかいが道鏡なら、覗《のぞ》きの元祖は出歯亀のお兄《にい》さん。

憎まれっ子世に憚《はば》かる。日光、結構、東照宮。産《さん》で死んだが三島のお千、お千ばかりが女じゃないよ。四谷、赤坂、麴町《こうじ》、チャラチャラ流れる御茶の水、粋《いき》な姐《ねえ》ちゃん立小便。

驚き、桃の木、山椒の木。ブリキに狸に蓄音器。結構毛だらけ猫灰だらけ。見上げたもんだよ屋根屋の褌《ふんどし》。見下げて掘らすが井戸屋の後家さん。上っちゃいけないお米の相場。下っちゃこわいよ柳のお化け。馬には乗ってみろ、人には添ってみろ、ってね……」

いまや国民的英雄ともいうべきフーテンの寅さん（松竹映画「男はつらいよ」の主人公）のタンカである。それは、ヤホンのバサからなる、という。

映画の寅さんのタンカに対して、妙に熱い想いにかられる方も多いかと思う。それは、映画の流れ、俳優の演技などさまざまの要素が重なってのことに違いないが、それとは別に、各人それぞれに、どこかに郷愁を感じてのことではなかろうか。高市のにぎわいや、おもしろおかしいタンカバイが、われわれの原風景の一つになっているからであろう。

特に、テキヤのタンカは、村芝居や神楽と同様に、われわれの興奮を誘うものであった。演じる側は商売でも、見る者聞く者にとっては、ハレ（日常＝ケに対する非日常）の日のある種の見世物（演芸）となっていた。

高市の華が、タンカバイのタンカであったのだ。

特に、そのなかで、ワンチャ（茶碗屋）のバサは、チンチンとネタ（商品＝磁器）を打ち鳴らしながら展開する派手なものであった。しかも、その商品の性格からして、ヤホンバサやバナナバサよりも口上の内容が多岐に及ぶものであった。

かつて、ちょうど利兵衛が旅商いに活躍していたころは、ワンチャのバサこそ高市の華だった、といっても過言ではあるまい。

そして、ワンチャにとっては、バサのタンカが命であった。

茶碗屋の口説き

茶碗を売る

バサ（叩き売り）のタンカ（タクともいう＝口上）のすばらしさ、面白さを利兵衛は繰り返し筆者に話してくれた。

ところが、筆者は、利兵衛のバサをまともに聞き確かめないままに終わっているのである。

そこで、この稿を起こすにあたって、前述したように利兵衛にゆかりの深い長瀬忠雄を訪ねた。さらに、長瀬の肝煎りで、小木曽三郎、小栗義高らに集まってもらって、今日に伝わる基本的なセトバサ（茶碗屋の口上）を教わることにした。長瀬忠雄は大正一五年生まれ、もうおなじみの本家熊屋駄知《だち》分家（旧大黒屋）の六代目である。小木曽三郎は大正八年生まれ、長瀬の一家の元老であると同時に名古屋陶友会（中京地区の茶碗屋の組織）の副会長の要職にある。小栗義高は一番若く昭和五年生まれ、名古屋の長者町一家に属している。いずれも生粋の茶碗屋で、正統なバサウチとしては小栗あたりが最後の伝承者といわれている。

小栗義高

小木曽三郎

彼らがいうバサらしいバサを打たなくなってから二〇年も経っている。そのせいか、あるいは高市《たかまち》でネタ（商品）と客を前にするのと違って座敷での再現という違和感があるからか、はじめは滑らかに口が開かない。しばらくは、ああでもないこうでもない、と試行と調整が続き、小栗が冷酒を三杯あおってからようやく勢いづいてきた。以下、三者三様の茶碗を前にしたバサである。

まず、小栗のバサ――。

（チン！）
人生わずかの五〇年
長い浮世に短い命
まあ　人間と生まれたら
たまにはこういう茶碗で飯を食え
こんな茶碗で飯を食うなら
箸も杓子もなんにも要らん

お釜の中からすくっては食らい　すくっては食らいするならば
喉《のど》ちんぼ蹴っからかして飛びこんで
明日《あした》の朝からは五色の糞がコロンコロンと飛び出てくるという茶碗じゃ
ひい　ふが　だー　だるま　だーが　だー　ちんが　くるま　ちんが　ちょい
一〇人前ちょうど揃う
こういう茶碗が一〇人前あってみろ
何事があってもいいぞ
正月がきた　盆がきた
めでたいとき　悲しいとき
おじんが死んだ　ばばあがのたばるくたばるへたばったー
出戻り娘が縁づいた　道楽息子が嫁とった
こういう茶碗で飯を食ってみろ
（チンチンチンチン）
いちばん上等な茶碗だぞ
（チン！）

こういう茶碗が
日本語でじょうとう　英語でジャウトウというやつだ
見てくれ　これ
（チンチン）
これは金と銀との練りあわせ
叩けば　キン《（チン》ギン《チン》キン《チン》ギン《チン》キン《チン》ギン《チン）》
どうじゃ　いい音がするじゃろう
買ってくれれば　ゲン《（チン》キン《チン》ゲン《チン》キン《チン》ゲン《チン》キン《チン）》
チンチン《（チンチン》　カンカン《チンチン》　ナリキン《チンチン》　カネモチ《チンチン）》
買うか買わんか　どうじゃ！
カウ《（チン》　カウ《チン》　カウ《チン》　カウ《チン）》という
ひっつくような茶碗じゃ
ひっついたら離れない
まるきり新嫁さんか新婿さん
ふつう買うなら　一個が三五〇円！

一〇人前買うなら　三五〇〇円！
それを三〇〇〇円もいかない
二八〇〇円　二七〇〇円！
二五〇〇円なら安いけども
もう二〇〇円引いて
（パン！）
二〇〇〇と三〇〇円！
どうじゃ　これで！
まだ　よう買わんな
こんな茶碗でよう買わなんだら
もう　なんともしょうがないな
よし！　二二五〇円　二二〇〇円！
（チンチン）
どうじゃ　買わんか
よし　まけた！

（パン！）
それ　二〇〇〇円だ！
ようやく辛抱して買ったか
よう辛抱したな
辛抱村から出てきたんか？

次に、長瀬のバサ――。

はい　いらっしゃいませ
さあ　お客さん
まず最初に　こういう上等のお茶碗さま
ただの茶碗は茶碗だが
いい茶碗になると　お茶碗さまよ
茶碗かわいや　かわいや茶碗　茶碗のかわりは日に三度
月九〇回　年三六五日一〇九五回

親兄弟のご厄介にならなくとも
こういう茶碗のご厄介にならなくてはならんという　上等のお茶碗さま
描いた模様が竹の模様
竹に雀は品《しな》好くとまる
とめてとまらぬ　丁半樗蒲一《ちょうはんちょぼいち》
親父の道楽　嬶《かかあ》の間男《まおとこ》
八〇ばばあの寝小便
今日はこれ　ざっと数えて一〇人前
英語で数えると
ワン　ツー　スリー　フォー
五つ　六つ　七つ　八つ　九つ　十《とお》と
お店で買うと　一個が三五〇円！
一〇個で三五〇〇円という上等のお茶碗だけれど
今日はそんなにいただかない
昨夕《ゆうべ》　家《うち》を出るときに

お父さんお母さんがよく言うた
あのむらは金がないから
あんまり無理なこと言ってくるなと
今日は特別に安く売っちゃおう
一〇円まけたら血の涙
泣いて涙の泣き別れということもあるけどね
今日は三五〇〇円から三四〇〇円！
三三〇〇　三二〇〇とも売りたいが
どうもさっきからお客さんの顔見てるというと
金持が一人もおりそうにないから
あっさりまけちゃう
はい三三〇〇　三二〇〇！
よし！
お母さん買うなら　今日は特別！
はい！

（パン！）
三〇〇〇円にまけとくが　どうじゃ！
ええい　どうじゃ！
お母さん
お茶碗でおまんま食ったことがないか
毎日にぎり飯か
それとも　缶詰のカンカラにお茶ぶっかけて食っとるか
どうじゃ！
こういう茶碗で　たまには一ぺん飯食おうという気にならんか
ええい　買うとわかったら
今日は特別　二九〇〇円！
（パンパン）
もう少しまけて　二八〇〇円！
（パンパン）
最終最後の泣き別れ

あとからはまからんが　鶴の一声！
はい！
（パンパン）
二五〇〇円とまけた！
どうじゃ！
お母ちゃん　やっと買ってくれたか
よう辛抱しとったな
なかなか辛抱強いお母さん
明日《あした》から婦人会長まちがいなし！
もう一人おらんか？
あと買ってくれたら　団体割引でまけとくぞ
おらんか――！

次に、小木曽のバサ――。

ここに取り出しましたるこのいい茶碗
（チン！）
音もいいし　焼きもいい
生まれもいい　育ちもいい
（チンチンチンチンチン）
描いた模様は　これ見てちょうだい
あなた一〇〇まで　わしゃ九九まで　共に白髪《しらが》のはえるまで
枯れて落ちても二人連れってね
たとえ裸で寝たとても
あたしゃあなたに惚れたじゃない
あなたのシラミがうつるから
これまあ　ほんとに縁起のいい茶碗
竹に雀は品《しな》好くとまる
梅に鶯ホーホケキョウ
松は男の伊達《だて》姿《すがた》

こんないい茶碗を使うのは
村でいったら村長　町でいったら町長
学校でいったら校長
病院でいったら院長　婦長　盲腸　脱腸　十二指腸
とにかく　長のつく者しか使わない茶碗
ここらの茶碗
ふつう買ったら一つ三〇〇円！
一〇個買ったら三〇〇〇円からする品物《しなもん》や
これもこんだけ揃えたら
爺《じい》に　婆《ばあ》に　嫁に　婿
丁稚に　番頭　居候《いそうろう》
ちょろ松　風呂焚き　出戻り娘と
一〇人家内《かない》がこんでご飯食べられるね
この茶碗
朝食ったら　昼まで

昼食ったら　夜まで
一週間は七日間　絶対に腹が減らない茶碗
これ　ひっぱっても伸びない
押さえても絶対へっこまない茶碗
向こうへバーンとぶつけてやっても
向こうへいって当たるまでは絶対に割れんちゅう茶碗
（チンチン）
これ　十《とお》買ったら三〇〇〇円！
だけど　今日は特別で
（チンチン）
三〇〇〇円を二八〇〇円　二五〇〇円！
損して得とれちゅうこと言うけれど
あんまりまけると　茶碗屋は明日《あした》からまんまの食いあげじゃ
だけど　泣きの涙　血の涙
（パンパン）

茶碗屋と茶碗の泣き別れじゃ
二五〇〇　二三〇〇円！
ええい　二〇〇〇円にまけたれ！
二〇〇〇円でも買わないか
あわてる乞食はもらいが少ないっちゅうじゃ
二〇〇〇円！
ええい　もったいないけど一八〇〇円！
（パンパン）
一七〇〇円！
よし！
これも　泣きの涙　血の涙
お宮貫一　悲運の涙
武男と浪子の列車の別れ
茶碗屋と茶碗の泣き別れで
（パンパン）

さあ　最終最後の泣き別れじゃ
ほれ！
（パンパン）
一五〇〇円にまけたれ！
どうじゃ！

口上の構成

三者三様とはいえ、その構成に関しては、共通した法則がある。

まず前段で、茶碗をチンチンと叩きながら、茶碗の利用価値や品質のよさをおもしろおかしく説く部分がある。ここに、素地の白さや絵柄についての解説が挿入されているのは、さすがやきものどころで生まれた口上といわなくてはならない。そこで客の注目を集めるわけで、この部分をダレ口上という。もちろん、茶碗には茶碗のダレ口上があり、皿や鉢にはそれなりの別の口上がある。

次に中段で、特定の人に対して口説いてゆく。長瀬の口上の中に顕著に表われており、〝お母さん〟という言葉が挿入されたあたりがそうである。この部分を、コマセという。俗にスケコマシ（女を口説き落とす）という陰語が使われるが、この場合のコマシと同様の意味をもつ。このコマセの部分は、場所ごと客ごとに変化するもので、簡単にすませる場合と執拗に口説き続ける場合がある。どう口説いてゆくかがテキヤの眼力によるもので、はじめに誰をコマセの対象にするかでよく売れるかどうかが決まる、という。

ふつうは、買ってくれそうな女の客をコマセの相手に選ぶ。それには、まず足元を見る。つま先が品物に向かって真っすぐに立って動かない人ならコマセやすい。その筋の者によると、いわゆるスケコマシの場合は、足を組んだりはずしたりして不安定な女性の方がコマセやすい、という。しかし、バサウチの場合は足元の安定した女性の方がその可能性が高い、というのである。

小さな町や村でバサを打つときは、その土地のボス的存在の女性をコマセの対象とするのに限る。女性特有の自尊心、虚栄心、名誉欲などを言葉巧みにくすぐるのだそうで、そのあたりの機微を感知する能力もバサウチには要求されるのである。

次に、後段が本バサである。客の気持が動きかけたとき、すかさず値段を叩いて落としてゆく。だから、これを、値段バサともいう。そのとき、ころよい間合いで手を叩く。そのパンパンという音が、大きくはっきりと響かなくてはならない。簡単なように思えても、素人では及ばない。パンパン、と手を叩くだけで、筋金入りのバサウチかどうかがわかるのである。

手を叩く代りに、竹や鞭で箱を打つ方法もある。これを箱バサといい、以前はリンゴ箱がよく使われていた。箱バサは九州方面のバサウチが多用する方法で、バナナの叩き売りはこれを基調としている。

この本バサの段階で、客から〝買った〟という声がかかってこないと打ちにくい。それも、あらかじめ腹づもりにしている値段に近いところでの声でなくては納めにくい。高い値段のところで声がかかれば喜んで売る、というものではない。そのときはそれでもよいが、その高値が前例となっては、あとが続いて売れなくなるからである。そうしたときは、〝待った！　あわてる乞食はもらいが少ないぞ〟などという言葉を返して、さらに値段を落としてゆくのだ。

また、最後まで声がかからなかったときは、そのネタはひとまず流す。そのときは、〝えらい渋いなあ、ここは貧乏村の空在府《からざいふ》（空財布）か〟などという捨てぜりふをはいておく。声がかからないからといって黙って品物を片づけたのでは場が白けてしまうし、捨てぜりふをはくことで客の闘争心が喚起されれば次につなげるだけもうけものなのである。

客のかけ声にあわせてあらかじめ決めておいた売り値に落としてバサの結着をつけることを、オトシマイをつけるという。オトシマイは、値段を落とす仕舞《しまい》（終り）という意味で、俗にいうオトシマエはこれが訛ったものである。

最後にもう一つ、アイキョー（愛嬌）を撒いておく。おもに買った客に対する愛想であるが、必ずしも謝礼や世辞を言わないことが一般の商人と違うところである。むしろ、皮肉をこめて冷かす。たとえば、燗徳利を買ってくれた婦人に対しては、〝あんたは後家さんか、長い間本望をとげる機会がなかったろうが、たまにはこんなもんででも本望をとげてみねえ〟というような言葉を投げかけておく。

それで、客が沸く。

そうなるとしめたもので、客と気持の交流ができたことになる。バサウチは、一方通行では困るのである。立板に水を流すがごとくとうとうと喋った結果、ただ客を感心させるだけでは不足なのである。そのあたり、芸人と似ているようで、ちょっと違

箱打ちというバサの方法

う。バサウチは、あくまでも商人で、言葉の一つ一つがネタに目を向けさせるものでなくてはならない。だから、言葉で客の気持を探り、おどしたりなだめたりしながら客の気持を〝買った〟という声を出させるまで引っぱってゆかなくてはならない。そういう意味では、バサのせりふ（台本）はあってないようなもので、惰性や自己満足は許されないのである。

わかりやすくいえば、バサウチと客の最良の関係は、漫才のコンビのようなもの、といえるかもしれない。バサウチがつっこみ（主導）、客がぼけ（追従）の関係が好ましい。

そのあたりのことは、次のざれ言葉が如実に物語っている。

テキヤを殺すにゃ　刃物は要らぬ
雨の三日も降ればよい
バサウチ殺すにゃ　刃物は要らぬ
客が声を出さねばよい

どんぶり、皿を売る

セトバサ（茶碗屋の口上）には、そのネタからして厳密にいえば十数種類があるが、茶碗、どんぶり（鉢）、皿が最も一般的であった。つまり、かつての茶碗屋は、最低三つのバサが打てなくてはならなかった。

続いて、どんぶりと皿のバサを紹介しよう。

ただ、どんぶりと皿に関しては、各人の違いが茶碗に関するほどの差が生じない。そこで、上記の長瀬・小木曽・小栗の三者の諒解を得て、一つにまとめた。

先に、どんぶりのバサ――。

さあ　こういうええどんぶりはどうじゃ
蓋がついて　底がついて
蓋つき底つきのどんぶりじゃ

（チンチン）
新嫁さんか新婿さん
ついたら絶対離れんぞ
見てみよ　これ
蓋も底も上等じゃ
どんぶりはどんぶりでも
ふつうのどんぶりとは違うぞ
このお尻《けつ》を見てみろ
ねえ　このまるいこと
今月　来月　再来月
天下の対決　糞くらえ
穴もなけりゃあ毛もありゃあせん
つるつるべった　つるべった
蠅がとまって怪我をするという　上等のどんぶり
ええどんぶりじゃろうが

この赤の色　見てみろ
赤い色見て迷わぬものは
木仏《きぶつ》　鉄仏《かなぶつ》　石仏《いしぼとけ》
千里離れた汽車でさえ
赤いもの見りゃすぐ止まるという
こういう上等のどんぶりじゃ
今日は五人前買ってくれ
ふつうに買えば　一つが八〇〇円！
五つ買うと　いくらになるか？
五八《ごは》の四〇で　四〇〇〇円！
今日は四〇〇〇円が三五〇〇円！
三三〇〇　三二〇〇円！
はい　買ってくれ！
（パンパン）
三〇〇〇円にまけとこ！

どうじゃ！
買う気にならんか　お母さん
何を辛抱して待っとるんじゃ
隣のお母《かあ》が買うまで待っとるか
隣のお母が買ったなら
明日《あした》から借りて使おうなんて　欲の深いことを考えるんじゃあないぞ
さあ　二五〇〇円！
二四〇〇　二三〇〇円！
はい！
最終最後！
（パンパン）
これも鶴の一声！
（パン　パーン）
はい　二〇〇〇円にまけとこ
よし　買ったか！

お母ちゃん　よう買ってくれた
ありがとね

次に、皿のバサ――。

さらさら三枚　一三枚
正月三日　盆三日　必ず必要な品物《しなもん》じゃ
皿は皿でも　皿が違う
いまさら　あのさら
ことさら　ええさら
さら　さらに　上等の皿
ひっぱっても伸びない
洗っても揉《も》んでも　皺《しわ》ひとつよらない
アイロンをかける必要もない
押してもへっこまないという　上等のお皿さま

石にぶつけようが　電信柱《ぼう》にぶつけようが
ぶつかるまでは絶対に割れんという　代物《しろもん》じゃ
家《うち》に帰《けえ》ったら　何入れる
煮しめ　天ぷら　きんぴら
ノミ糞　馬糞　シラミのきん玉
なんでも入るという　上等のお皿さま
こんな皿　使うてみろ
隣近所の評判が違ってくるぞ
少々借金があっても　貸し金があるようにみえる
どうじゃ　これ
二〇人前　買ってくれ
このまち（町）で
よめ（嫁）もろた
そのよめ（嫁）に
子ができた

二〇人前買ってくれたら　まけとこ
今日は　二〇人前で
（パンパン）
三五〇〇円　三三〇〇円！
えい！
バカが半値で
（パン）
三〇〇〇円と言いたいが
これも鶴の一声！
二九〇〇円！
一〇円まけたら　血の涙じゃ
泣いて涙の泣き別れじゃ
清水《きよみず》の舞台から飛んだつもり
死んだつもりで　まけたれ！
はい　二八〇〇円！

（パンパン）
二七〇〇円！
あとはまからんぞ
お母さん　買えよ！
買うのは　一人だけじゃ
はい！
二五〇〇円とまけとこ！
どうじゃ　買ったか！
はい　おおきに
そんなら　もういっぺん数してあげましょ
こ の ま ち（町）で
よ め（嫁）も ろ た
そ の よ め（嫁）に
子 が で き た

茶碗屋の手品

いずれも、最後のアイキョー（愛嬌）の部分は省略しているが、全体的な流れは、先の茶碗のバサと変わらない。

あらためて注目しなくてはならないのは、数を丁寧に数えることである。皿のバサでは、二度も数えた。先の茶碗のバサの中では、次のような数え方をした。

ひい　ふが　だー
だるま　だーが　だー
ちんが　くるま　ちんが　ちょい

（小栗のバサ）

爺《じい》に　婆《ばあ》に　嫁に　婿
丁稚に　番頭　居候《いそうろう》

ちょろ松　風呂焚き　出戻り娘　　（小木曽のバサ）

これで、十を数えたことになる。もちろん、このほかにも、さまざまな数え方がある。

ちゃわんや（茶碗屋）はしょうじき（正直）だ
う（売）れましてありがとう
きず（傷）はないありがとう

要は、並べた茶碗なり皿を、一つ一つ指さして数えあげればよいわけで、十なり二十なりの語呂あわせをするのである。

もちろん、それにはわけがある。

いつの間にか、茶碗屋はうまいことを言って半端物《はんぱもん》を売りつける、という評判がたつようになった。おまけに、数をごまかす、とも言われた。

それは、一面で、その通りだったのである。しかし、そうした悪評判がはびこった状態では、商売にならない。そこで、数を正確に数えて、信用を回復する。いつごろからそうなったのかはよくわからないが、いつしかそれが定型化した。

それでも、多くの茶碗屋が数をごまかして売った。それは、もちろん、少しでも儲けようというさもしさが働いてのことではあろうが、それとは別に、彼らのうちに商売を遊んで楽しむ気持がかなり潜在していたのではなかろうか、と思える。客にちょっとしたパズルをいどむような、そんないたずら心がうかがえるのだ。ちょうど、落語の「時そば」のようなものである。

のちに、小木曽三郎が、それを実演して見せてくれた。それも、筆者が見破れるかどうか、茶目っ気から演じてくれたものである。彼は、あらかじめ、皿二〇枚は見過して、三〇枚になったところで〝買った〟という声をあげるように、と言った。

まず、小皿を二〇枚並べる。一〇枚を等間隔に表向きに並べ、その縁に重なるようにもう一〇枚を裏向きに並べる。つまり、皿が表、裏二列。そこで、先述のバサを打ってゆく。

二〇枚を数えて、値段を叩く。

そこでは、〝買った〟と言わない。

彼は、それならば、と、脇からもう三枚皿を取って追加する。きちんと並んだ二〇枚の上に、ガシャンと無造作に置くのである。さらに、もう三枚をガシャンと加える。最初にあった二〇枚の列は、すっかり崩れた。もう、正確な数が判別できなくなった。

値段は、二〇枚時のまま据え置き。すかさず、まだ買わんのか、と今度は四枚をガシャーン。

〝買った！〟

〝売った！〟

彼は、下に敷いていた新聞紙を素早く包む。それを筆者の方に押しやって、皿の数を確かめろ、と言う。いかにも得意そうな顔である。

まともなら三〇枚あるはず——が、彼がわざわざ実演してくれるのだから、数は減っているに違いない。ところが、何枚、いつ減ったのかがわからない。

案の条、新聞包みの中には、二八枚しかなかった。まずは、鮮やかなお手並み、と感心する。

手品の種を明かすと、簡単なことなのである。

小道具は前掛け。前掛けをして立て膝で座る。右手で追加する皿を持ち、投げるように荒っぽく置く。その瞬間、前掛けの下から左手を出して近くの皿を引く。前傾姿勢とガシャンという音が、その動作を隠すことになるのである。

なお、この場合は、二枚を引いてそのまま前掛けの陰に隠し置いていたが、それを左手から右手に背中回しに送って、そのまま追加分とする方法もある。

そして、仕上げは、下敷きの新聞紙で素早く包むことである。皿を揃えずに包む。すると、かさがはる。手にした者は、いかにも大量に買った気分になるのである。

こうなると、ごまかしも芸の域にある。つまり、手品である。

小木曽三郎が、しみじみと述懐する。

「数をごまかすことは、そりゃあ悪《わり》いことじゃけんど、昔は、それを楽しんでくれるお客さんが多いかったんじゃのう。

茶碗屋の手品をどうしても見破ってやるいうて、むきになって買い続けるお客もいてのう。〝買った〟ちゅうから、さっきのようにして渡あてやると、すぐに中を改めて、〝またやられた〟というてドブの中へ全部叩きつけてから、〝もういっぺんやってみてくれ〟というようなことで……。そうなると、こっちも、見破られるもんか、と意地を張ってあの手この手で応戦したりして……。

そりゃあ、この商売をやって、お客さんと気持が通じあうのが、いちばん楽しいことじゃからのう。もうけは大事じゃが、もうけだけじゃあなあがの。

それが、このごろ、できやせんが。下手《へた》したら、すぐに警察にもちこまれて、詐欺罪でしょっ引かれたりする。このごろのお客さんは賢《かしこ》うて、わしらのやりとりをバカになって楽しんではくれんで……。

それと、生活のしかたが変わったわのう。家族が少のうなってしもうて、一家で一〇も二〇も茶碗や皿が要らんじゃろ。二枚とか三枚で事がすむ。それも、安けりゃあいい、というのじゃあのうて、ちゃんとしたものを買いんさる。それも、いちいち手にとって、確かめてからじゃあなけりゃあ、買いんさらん。

そうすりゃあ、バサは打てんわのう。まあ、いうてみりゃあ、二級品や三級品を数まとめて売るためにバサを打ったわけで、少しずつ一級品を売るのにゃあバサは要らんからのう。そうじゃろう?

わしらがバサ打たんようになってから、もう二〇年にもなる。いまは、ふつうの店の売り子のように黙って座っとる。たまに声を出しても、スーパー（マーケット）の安売りのように、〝いらっしゃい、いらっしゃい〟と呼び声を出すだけで……。戦争からこっち、世の中えらあ変わったものだわ。

バサウチっちゅうことからいうと、利兵衛さんらはわしらより一回りも歳が上じゃから、ほんまにバサウチが全盛のころを生きんさったんじゃわのう」

起死回生の術

数をごまかす——言葉は悪いが、それもバサウチの芸のうち、茶碗屋の腕の見せどころの一つであった。

それと同様に、いまではほとんどみられなくなったものに、客をおどす、という演技がある。おどすといえば、これも語弊があるが、けっして恐喝罪に問われるようなものではない。あえて怒って大声を出し、客を驚かせて、あらためて注目を集める方法なのである。

それは、いくらバサを打っても品物がまったく売れないときに、たとえば次のようなタンカ（口上）をつないで演じられる。

買わんか！
買わんか！
どうしても買わんか！
なんたら貧しい土地なら　財布は見せかけか
もういっぺん言うぞ
どうしても買わんか！
よし！
そっちがそうなら　こっちもこうじゃ！
こんなんで商売ができるか！

と同時に、感情をむき出して怒り、目の前の茶碗をわしづかみにして叩きつけるのである。ほんとうに、かんしゃく玉を破裂させたかのように演じるのである。

これを、特に、ワレウチとかワレ口上という。

もちろん、そのあたりは計算づくで、何でもかんでも叩き割るのではない。いちばん安い子供茶碗のようなものを重ねたまま叩きつける。それも、藁の上とか箱（リンゴ箱）の中をねらって叩きつけるのである。かつては、運搬用にリンゴ箱を用い、その梱包材料に藁を大量に使っていたから、そうした場合には好都合だった。すると、ガシャーンと派手な音はするが、実際に割れるのは半分ほどで、全部割れることはない。しかも、元が安い子供茶碗であるから、損害はしれているのである。

次に、客の驚きに乗じて、子供茶碗の値段を叩き落としてゆく。声がかからなければ、また叩きつける。

そして、〝買った〟という声がかかるまで、値段を落としてゆく。すると、中には必ず同情心をもつ客がいて、ただまで落とす前に声をかけてくれる。その結果、子供茶碗は割れても売れても犠牲になるが、不思議なことに、あとの品物がよく売れだすのだ、という。

茶碗屋が本気になっている、そう思われればよい。ワレウチは、起死回生の手段なのである。

ワレウチに関しては、本書の主人公、利兵衛にも何度か経験があった。利兵衛に再度登場してもらい、この項を締めくくることにする。

「わしも、若いころは、結構かんしゃくもちじゃった。クギウチもやったし、ワレウチもやった。

クギウチは箱打ちと同《おんな》じようなもんじゃが、リンゴ箱を伏せておいて、そこへ茶碗で釘を打ちこむのさ。そうそう、茶碗を金槌代わりにして……。まあ、茶碗の品質を保証するのが主旨じゃが、わしは、これを、売れゆきが悪《わり》いときに、かんしゃく玉をからめてやった。〝買わんか、買わんのか、釘でも言うことをきいてくれるぞ〟と大声を出してガンガン釘を叩きゃあ、たいがいは驚いてくれたわな。中にゃあ、気の弱い人がいて、〝もう、そがいにまでせんでもいい〟と言うてくれたりして……。

なあに、これにもコツがある。いいかな、茶碗の縁に五本全部の指がかかるようにちゃんと持って、真上から糸尻（茶碗の裏底）がぴしゃっと隙間がなあように箱に当たるように叩く。そうすりゃあ、絶対に割れやせん。

やってみてごらん……。というても、あんたら素人《しろうと》には、そう簡単に真似はできん。わしらは、そういう技術に熟練しとるから、半端なネタでもねじこんで売ることができた。

クギウチで効果がでんときは、もう自棄《やけ》のやん八と、ワレウチをする。

それでも、わしとしたら、クギウチにワレウチを続けてやるのは好かん。これでもか、これでもか、とお客をおどし続けるわけで、ちょっとえげつなさすぎる。お客は、おびえてしまう。本当は、バサのタク（口上）でオトシマイ（落仕舞）をつけるのが正統というもので、クギウチやワレウチは伝家の宝刀というものでのう。めったに使うもんじゃあない。

ええかの、わしらは、たかがテキヤ、たかが露店商人じゃがの、無芸大食じゃあ渡世がでけんがの。

そりゃあ、ガセバイ（不良品や贋物を売ること）もする。オイタクも打つ（巧言をもって客を煽動すること）。サクラ（擬似客）を使うこともありゃあ、ゴロ（喧嘩）を巻くこともある。確かに、誉められた商売じゃあなあが、皆が皆、そんな悪さをしてきたわけじゃあなあがの。そんな、その場限りのごまかしじゃあ、世間は渡れんわのう。

わしらは、ある意味じゃあ、芸人と同じぐらい腕を磨かにゃあならん。

バサのタクも、ワレウチもクギウチも、それが天下無双の芸や術《わざ》なら、客はわかってくれるわのう。

品物《しなもん》を売るんじゃあない、芸を売る、術を売るぐらあの気迫があってこそ、客も乗ってくれるんじゃわいのう。無芸大食で旅ができりゃあ、そがあに太平楽なこたあながあ、世の中、そんな甘うはないて……」

右の言葉は、茶碗屋だけに限ったことではない。広くテキヤ全般に通じる真理である。

茶碗・本・刃物・洋服・薬品・七味（唐辛子）・さらし飴……。商品はそれぞれに違っていても、それらは口上を述べて売る商法に基づいている。つまり、タンカバイ――。

現在は商品経済の発達から、食べもの類に代表されるように、ジンバイ（口上を述べないで売る方法）を中心に高市《たかまち》が構成されているが、かつての高市は、露店の大半はタンカバイを伴うものであった。

そこでは、テキヤ衆は、ひたすら口上を磨き話芸を売りものにした。

ところが、口上だけでは商品が売りさばけないことがある。そこで、もうひとつの演技を加える必要が生じるのである。

それが、茶碗屋の場合は、クギウチでありワレウチであった。それは、ただの愛嬌芸ではない。しかるべき技術の裏づけがある。簡単なようにみえても、素人にはできないもので、だからこそ、より強い説得力があるのだ。

そのことは、たとえば、刃物売りが、包丁なり鋸を実際に使ってみせることにも通じる。あるいは、万能ナイフ（十徳ナイフともいう）で缶を開けたりガラスを切ったりする。

つまり、口上つきの実演販売が展開される。そのとき、彼らの手さばきがどんなに鮮やかであるか――。

われわれ素人には、それは実に簡単に見え、自由自在に操れる便利な道具、と思えるのである。それで、買って帰って、実際に使ってみると、なかなかうまくゆかない。それは、技術の差なのである。テキヤ衆は、熟練した技術をもっている。大げさに表現すれば、たとえ錆びついた包丁でも板を切り、擦りきれたカッターでもガラスを切るほどの高度な技術を習得しているのである。

だから、うまく使えない者が、次に文句をつけてみても、〝ならば貸してごらん。俺ならこの通り、ちゃんと使えるよ。お客さんの使い方が悪いんだよ〟と言い返されるのがおちであろう。

そうした自信の裏づけがあっての、テキヤの芸、テキヤの術《わざ》であった。
テキヤ渡世とは、まことにしたたかな旅商いなのである。

仕舞口上

旅と商い

茶碗屋利兵衛の旅とテキヤの生態を、これまで述べてきた。

「旅はええもんじゃ」

「人に使われるわけじゃあなし、人を使うわけじゃあなし、こんな気楽な商売はない」

利兵衛はそう語った。

が、果たして、心底そうであったかどうか――。

俗にヤシとかテキヤとか呼ばれている露店商人たちは、主に高市《たかまち》から高市を移動することで、小商《こあきな》いを行っている。繰り返して言うことになるが、旅が彼らの商い、生活の場なのである。

利兵衛も、その人生の大半を旅に生きた。

利兵衛たちの世代では、おもに鉄道を利用した移動で、行く先々では木賃《きちん》宿や商人宿に泊まり、ときによっては、商品を手車（荷車）で自らが運んでいった。もちろん、それ以前の行商は、商品を背負い、あるいは天秤棒などで担い、足で歩くのが中心であった。

現在は、トラックやワゴン車に商品を積み、簡便に長距離を移動して、ときによってはそのワゴン車に寝泊まりもする。

そうした旅の形態の変化はあるものの、彼らが一定の場所に常住することが許されない生活にあることに変わりはない。

利兵衛らは行商人であった。

行商は、家々を訪ね歩く商売とする解釈もあるが、露店売りもこれに含めてよいであろう。

行商がいつの時代に発生したかは明らかでないが、いずれにしてもかなり古くからの商行為ではあろう。それは、たぶん、漁猟や農業などの基本的な生産活動がその土地土地に定着すると同時に始まったものに相違ない。

そのはじめは、物々交換であっただろうことも想像に難くない。特に、漁村と農村との間にとりかわされる例が多かった。つまり、俗にいう海の幸と山の幸の交換がそれであり、海彦山彦の伝説もそれを物語っている。特に漁民にとっては、穀物の入手が唯一最大の目的になるので、秋の収穫期に焦点を合わすのが当然であった。農村からすると、秋に漁村からの交換人が多く巡ってくることになった。

そこで、秋人《あきびと》という言葉がアキンドという呼称を生んだ、という説もある。

かつて、古代や中世においても、むらがあった。つまり、農業や漁業を主業として、ある程度計画的に食料を生産しながら、そこに定着した生活を営んでいた。しかし、そこで自立した生活を営むには、まだ基盤が弱いむらが多かった。とすれば、他のむらに往き来して物資の交換をすることが必要であった。それは、かなり頻繁に行われていたであろう。定住生活とはいえ、移動生活の要素も加えもっていたはずなのである。

思えば、われわれ日本人の生活の歴史は、移動生活から定住生活へと移行する傾向にあった。はるか上代においては、狩猟・採集にしろ、交易・交換にしろ生活基盤を移動生活におくことは稀なことではなかった。焼畑農耕でさえ、何年周期かで山を転々と巡る移動型の生活形態から出発したものである。

それが、縄文型の生活形態といえるかどうか――。

もし、そうしたことがいえるとすれば、定住生活は弥生型の生活形態とすることができる。事実、水田稲作という農耕技術が普及することによって、人々の定住がより促進された。中世から近世にかけて、比較的史実が明らかになっているところでも、むらの成立は水田の開発に従う例が多いのである。

しかし、移動生活から定住生活への移行は遅々たるものであった。過渡時代も長く続いた。そして、定住生活、むらの組織化が進められたのちも、移動生活は後退しながらも並行して残存した。政治史のように、簡単に切り替わらないのが生活史というものであろう。

ともあれ、かつて、むら人を含めて多くの人が、必要な品を求め余剰の品を持ち歩いて交換《かえごと》をしていた。その物々交換が、やがて、一方でかなり専業的に家々を訪ね歩く行商を発達させ、もう一方で市や店を発達させた。

市は、古くは野立市《のだていち》といった。現在でいう露店市の原型である。たとえば、鎌倉時代初期の風物を描いた絵巻物として資料価値が高い『一遍聖絵』では、備前福岡の市が描かれている。掘立小屋《ほったてごや》で、穀物、布、甕《かめ》などが売られているのである。もっとも、これを露店市の原型とせず、常設店《だな》の原型とする見方もある。

野立市にはさまざまな形があるが、よく知られるのは定期市である。朝市、盆市、暮市などがそうであるが、他に毎月一定の日を決めて市が立った例がある。これは各地に伝わる二日市、四日市、七日市、八日市などの地名が如実に物語っている。たとえば、二日市であれば、毎月二日、一二日、二二日に市が立ったはずで、こうした月に三回立つ市のことを三斎市《さんさいいち》ともいった。が、正式には三斎という語彙はない。それは、六斎市《ろくさいいち》にあわせた呼称である。

六斎というのは、一か月に六回、日を決めて事を行うことをいう。もともと仏教系の言葉で、六斎日は月に六回、斎戒する日とされている。ふつう、八日・一四日・一五日・二三日・二九日・三〇日が六斎日となっているが、六斎市は必ずしもその日にこだわらない。

以上のような野立市の形態は、明らかなところでは、中世社会で普及がみられた。そして、その市の一部は、やがて常設市となり、まちを形成することになった。

——大ざっぱには、そんなことがいえよう。

しかし、利兵衛が語る市の歴史は、また違っていた。私は、利兵衛の語りをやや不思議な気持で聞いたものである。利兵衛がどこでそのような歴史話を得たのか、今も

『一遍聖絵』に描かれた備前福岡の市

まるでわからない。あるいは、テキヤ間に伝わる誇大話《ほら》の類《たぐい》なのかもしれない。

「高市というのはじゃの、お宮さんやお寺さんの祭日や縁日に立つ露店市のことじゃがの。一年ごと、あるいは一月《ひとつき》ごとに日を決めて立つ市のことで、一年に一回の市を大市《おおいち》、毎月の市を月並市《つきなみいち》とかいうわの。

いやいや、同じ露店でも、ずっと毎日同じ場所に並ぶのは高市とはいわん。浅草（東京）の観音様の前にある仲見世なんかは、ありゃあ露店でもなあが、高市とはいわんがの。それから、終戦直後に、あっちこっちに立った闇市《やみいち》も高市じゃあない。

そもそも、高市のはじまりは、推古天皇の御代《みよ》、すなわち聖徳太子摂政のころでありますぞ。聖徳太子は、父君用明天皇の遺勅により、法隆寺をお建てになった。その法隆寺の御門前に、聖徳太子をお慕いして、その御命日に露店市が立ったんじゃのう。

それが、高市のはじまり、わしらテキヤのはじまりじゃがの。つまり、日本の商業のはじまりとなるかの。聖徳太子がお札《さつ》に載るのは、あたりまえのことじゃのう」

後段は、もちろん、信憑性に乏しい。

さて、専業の行商人というのは、家々を訪問する行商形態であれ高市を巡り歩く露店行商であれ、定住を回避するものであった。つまり、定住に対して移動を生活の基盤とした。移動は、旅といいかえてもよい。

もとより、旅は易《やさし》いものではない。

「旅は夕べ、即ちたまはれ又は下さいの意味であつて、その生活は非常に古いものであり、また苦しいものであつた。農民は孤立の自給生活をして居て与ふる物が当然乏しかつたから、旅する者の生活は貧しいものであつた。（中略）旅する以上たべたべと言つて歩かねばならず、乞食に近い生活をして居たものと思はれる」（柳田國男「文化運搬の問題」）

右の引用文は、たぶん流浪の旅人を語ったものであろうが、何らかの職業をもって旅する者も、本質的には変わりない。山中深くをさまよい歩く隠遁生活者ならともかく、狩猟、漁撈、行商、旅芸などにたずさわって移動生活を送るものは、多かれ少なかれ定住生活者との接触がなければならないのである。獲った獣肉や魚をむらやまちに売り、諸芸も定住社会で演じることで食料なり金銭を得ることができる。つまり、移動生活者の旅の大半は、定住社会を巡り、定住生活者を相手にすることでなりたっているのである。

そうしたとき、むらやまちに定住する者からすると、旅から旅に移動する者は異端者であった。一方は能動的な売り手であり、一方は受動的な買い手であった。が、概して、買い手の方に富《とみ》が多くある。旅の商人《あきんど》は、やはり、定住生活者の有する食料や金銭を「たまはれ」（下さい）と乞うかたちで歩くのである。極端にいえば、そういうことにもなる。もちろん、商品を売り与えるので、一方的に恵み与えられる乞食《こつじき》などの例と一緒にはできないが、どうみても、主たる食料（穀物類）をもつ買い手の方が優位な立場にある。

それゆえに、移動生活者は、定住生活者からすると稀なる存在となり、ときとして疎《うと》まれることにもなった。

そうしたなかで、なお移動生活を余儀なくされている人々は、互いの連携を深め、職種ごとの組織化もすすめられた。政治的な、たとえば古代の駅制や江戸時代の参勤交代制度などとは別種の、彼らの生活感覚での移動（旅）の法則が、たとえばテキヤ組織の法則のようなものが、いつとはなしに確立されてきたのである。それは、定住者社会へのある種の対抗であったかもしれない。

旅を生活とするには、むらに定住すると同等に、さまざまな成文法、あるいは不文律があり、それに従うことで移動生活者同士、あるいは移動生活者と定住生活者の共存が図れた。そこに、定住生活者がある期間を限ってその定住圏から出る旅（旅行）や無目的な流浪の旅とは別な、定住社会と四つに組んで生きる旅の生活術がある。われわれは、定住生活者の論理からそれを一方的に差別したり無視したりするのでなく、対等の生活技術として再評価すべきではなかろうか。

とはいえ、定住社会から見ると、移動する者（非定住生活者）は、ときに疎ましい存在であった。

そして移動生活者自らも、その心情においては、とかく不規則で不安定な移動生活を必ずしもよしとはしていないふしがある。口でこそ、こういう気楽な商売を知ったらひとところに留まってあくせく働くことなんかできるはずがない、と言ったりするが、定住者人口が圧倒的に多い社会では、やはり移動生活者たちの心情の根底に、定住生活への憧憬《あこがれ》があることは疑うべくもない。

前述したように、まちの変遷をふり返ってみても、もとはいたるところに移動生活にもとづく行商人がおり、やがて定期的な市ができ、さらに常設市となり定住商人によるまちをなしていったのである。

近世以降も、かなり多くの行商人が旅の生活を離れて自分の好みの土地に定住し、そこで商売を始めた。

たとえば、利兵衛の仲間内の茶碗屋でも、秋田・酒田（秋田県）、栗駒（宮城県）、常陸太田（茨城県）、高槻・池田（大阪府）、新宮（和歌山県）などに定住して、陶器店を開いた者がいる。地方における陶器小売商は、美濃の茶碗屋あがりが少なくないのである。

それについて、利兵衛が述懐した。

「実は、わしも、一時《いっとき》、山梨県の甲府によう通うた。四〇前後のころかいのう。甲府は山に囲まれた盆地の町で、どことなくこの美濃の地形とよう似とるとこじゃった。わしが二、三年も通うて、向うでも親切な引きをしてくれる人がおってのう、このまんま甲府へ居ついてもええ、という気になった。

事実、そこへ常設店《みせ》を出そうと思うて、金の算段やら何やらもくろんだ。やっぱり旅の商いよりも常設店の商いの方が大きな金が動かせるからの。旅は、何かと物入りじゃし、体も気分も疲れることがある。

ところが、好事魔多し、じゃて。女房が体をこわしてしもうて、寝込んだがの。その期間は、ほんの二、三か月じゃったが、病院へつき添うやら何やらで、甲府へ行くのもそのままになってしもうた。金もかかったし、女房や親類から甲府の方角が悪いから病気になった、と言われるしのう。人間、それぞれに運があるわの。わしの運は、あのときに落ちてしもうたような気がする。

旅の商いからひとつところへ居ついて常設店を経営した者は、みんな身上《しんしょう》が大きくなっとるわのう。

そりゃあそうじゃろう。わしらのバイ（商売）は薄利多売方式でその規模は小さいが、ものを売るという執念では一般の商人には負けとらん。売れにゃあ、バサ（叩き売り）も打つ、ヤサゴミ（訪問販売）もする。

それに、多治見（窯元）との繋がりが、十分に、何通りもあるわいの。葉書一枚、電話一本でどうにでも品物を仕入れることができるし、素地や絵柄についても、窯場で育った人間じゃから地方の小売商とは目が違う。特別に印物《しるしもん》の注文や絵柄の指定もできるんじゃから、この商売で成功せんはずがない。

あんたも気をつけてみらっしゃい。美濃屋とか尾張屋とか、そうした看板を掲げた陶器店がほうぼうにあるはずじゃ。そういう店は、ほとんどが旅の商いからその土地へ居ついた者とみていいわのう」

そうした話をするときの利兵衛は、こころもち寂しそうであった。旅商いの生活をしていて安住の地を得た同輩たちへの羨望があったように、私には感じられた。

極言すれば、すべての商売は行商に端を発するものである。

近代的な商業戦術とされる自動車や保険の訪問販売も、利兵衛らに言わせれば、ヤサゴミという古典的商法に基づくものである。また、デパートやスーパーマーケットの威勢のよい呼びこみも、利兵衛らのバサ（叩き売り）のタンカ（口上）の亜流とみることもできる。

茶碗屋のみならず、他の商品を扱うテキヤからも、あるところに定着して商売を発展させ、みごとに大資本家になっている例も少なくない。特に、映画館、月賦販売店、スーパーマーケットなどの経営者には、テキヤからなった人が多い。そうした経営者たちの商魂は、ひときわ群を抜いたものがある。そこでは、呼びこみ、見本販売、月賦販売、値下げ販売（バーゲンセール）などが武器となっており、それは、明らかにテキヤの商法を発展させたもの、とみるべきなのである。

そうしてみると、テキヤ衆の旅商いの目標のひとつに、ただ生活をたてるだけのためでなく、やがてしかるべきところに常設店を出すことがある、とみるべきではなかろうか。移動生活から定住生活への移行の夢がある。別な言い方をすると、故郷に錦を飾る――それが、彼らの旅を支える大きな気持の張りではなかったか。

テキヤの旅には、大きな夢がある。あるいは、したたかな欲がある。そこにそのまとどまることをよしとはしない。

事実、テキヤは、組織からの脱退についてはまるでとがめなし、なのである。同じテキヤとして他の一家に移ることは禁じられているが、カタギ（非テキヤ）になることは、親分からも同輩からも祝福されることなのである。

しかし、そうした夢や欲を抱いての旅商いでは、強い自律心が求められることになる。

その自律心を守り通せればよいが、途中にして失った場合は、逆に悲劇を生む。

旅の商い、テキヤ社会の中から輩出した大商人もいるが、一方でその人生を旅商いに消耗しつくした者も多い。

利兵衛が言う。

「わしらの商売は、ひとつだけ恐《こわ》あことがある。日銭が入るからの。旅先でものを売れば、その日その日で現金が入る。その金は、旅を続けるためにも留守宅の生活のためにも必要な金じゃわの。それに、美濃へ帰ったら、次のネタ（商品）を仕入れるためにもそれ相応の金が要る。

だいたい、わしらが窯から仕入れるときは口手形で、まあ言うならば、ネタを借りて旅に持って出て売っとるわけじゃ。じゃからの、日銭が入るというても、その金はちゃんと貯めたまま持って帰らにゃいかん。家族の生活もある。借金返しの金、とぐらいに思うといてちょうどいいんじゃのう。

ところがじゃ、金というもんは恐ろしいもんよの。懐に入りゃあ、たとえそれが借金であっても気分が大きゅうなる。何でもかんでも、自分でその場で使えるような気分になる。

茶碗屋が並んだ高市の一角

おまけに、旅先では誘惑が多いわのう。酒もある。女もおる。博奕場《ばくち》もある。わしらが旅をしとるころは、いまのような時世とは違うて、そうした遊び場が大っぴらにどこにもあった。なかにゃあ、毎日入りびたるようなやつもでるわいの。そしたら、金はいくらあっても足りん。

旅で稼ぎをはたいてしまう。そうすると、家に帰ってからが困るがの。度重なりゃあ家族だって干あがるし、窯焼（窯元）だってネタをまわしてくれんようになる。悲惨なもんじゃで……。わしらの商売ほど、自律心が求められるものはないように思うがの」

この話は利兵衛からだけではない、長瀬忠雄からも小木曽三郎からも同様に聞いた。テキヤの旅は、物見遊山、観光旅行とは違う。それが商売であって、それが生活なのである。

誰かれなしに気を許したり、自らに甘えたりすることは、即、身の破滅となる。ある種の禁欲生活が、彼らの旅を継続させているのである。そして、売り手と客という立場でしか外界とはつながらない。とかく、同業者間でのみ連携を強めてゆく傾向がある。それが、彼らの保身の術であった。

巷間、旅は、楽しくおもしろいものだ、という。たしかに、そのとおりであろう。テキヤ衆の多くは、旅商いは気楽な渡世だとして、高市をつないで歩いている。

それは、一面、嬉々としたものに見える。

しかし、一方では、強い自制心と、不安とを抱きながら旅の人生を歩んでいるのである。

利兵衛が、先の言に続けて話した言葉がある。

茶碗屋利兵衛

それは、私の二度の訪問に、二度ともひどくまじめな表情で話したもので、利兵衛らテキヤ衆の本音《ほんね》の部分を表わしていると思われる。

「わしは、ビタ（旅）のバイ（商売）を続けてきたが、旅が人生、とは思えんがの。

そりゃあ、話としては、旅が人生というた方が格好よかろうのう……。じゃがの、本当のことをいうたら、テキヤじゃから旅でのたれ死が本望、とは誰も思うとらんはずじゃ。死ぬのは、畳の上で死にたあがの。

深刻に考えるのはようなあが、旅は、仮の人生じゃ。そうよのう、旅は舞台、というた方がええかもしれんのう。それも、わしらの旅には、高市というとびきり派手な舞台がついとる。

わしらは役者でも芸人でもなあが、舞台に上ると、ついつい踊ってしまうがの。演技をするつもりもなあが、茶碗に囲まれて座って客を前にすると、別人になってしまう。知らず識らずに、手が動き、口が動く。それで、妙に興奮してくる。寝んでも、たあして疲れんわの。

そうした舞台から降りて、自分に戻るときは、何となく寂しさを感じるわいのう。そうでのうても、祭りで、人が退《ひ》いたあとというのは妙な気分だわの。モノに憑かれるというか、高市にはわしらを狂わす魔物がおる……。

そういうときに、無性に酒が飲みとうなったり、女が抱きとうなったりするわいのう。特に、若あ時分は、そうした欲が激しかった。

それがたまにならええがの、わしらは高市をつなあどるんじゃで、くせになると困る。猿のマス（自慰）と同《おん》なじで、遊ぶためにバイをうちだすことになるがの。

さっきは、家まで金を持って帰らんことには次の旅がたたん、というたが、そういう自制心があっても、旅を続けることは恐《こわ》あ気がすることもあるわいの。

わしは、旅は、恐あもんじゃと思うとる。

わしが、それでも、たあした失敗もせんと旅を六〇年も続けられたんは、信心があったからじゃろうのう。神農《しんのう》さんはわしらテキヤの本尊で、神農さんを祀るのはあたりまえのことじゃがの。わしは自分でも家に神棚をつくって神農さんと氏神さんを祀って、家におる限り、毎朝きちんとおがんでいた。ああ、神主なんかは頼まん。信心は、自分でできるがの」

旅の玄人《プロ》は、その一生をふり返って、意外にも旅は恐ろしいもの、という本心をもらしたのである。

いま、私の手元に、利兵衛が残してくれたたった一通の葉書がある。

「前略　過日はせっかくお越し下されたのに、老生のたわごとのみのみやげ、失礼つかまつりました。いろいろ申しましたが、どうかご放念下されたく。

貴殿も遠方までのご旅行とのこと、ご自愛の程祈りおきます。また、旅先にては、生水にご注意、傾城の輩どもにもご注意なされますよう。はからずも苦しい折、淋しき折あれば、あわてず狸眠りを決めこむのがよろしい。夕日をながめ、海をながめ、一人で物思いにふけるのは、旅をするにはよろしくない。

これも、老生の冷水とお聞き下されたく。

草々ご免」

現行の葉書に比べると、ひとまわり小さく紙質の薄い葉書は、すっかり赤茶けている。青のインク文字は、あくまでも細く、微妙に揺れていた。

あとがき

旅人――職業区分とは別の、まことに曖昧な人間の区分がある。生態区分とでもいえばよいか。

御師《おし》（神人）・遊行僧・修験者・行商人・大道芸人など。今風なものでいえば、外国航路の船員、在外セールスマン、冒険探検家、それに私のような内外遊学の徒なども含まれるのではなかろうか。広義には、長期に及んで旅（移動）が生活の一部か大半を占めている者、といえよう。

旅人は、多くの場合、自立している。孤立している、といってもよい。

そうした旅人同士が旅先で出合うと、何とはなく互いの臭いをかぎとって理解を示したりするものである。あるいは反発・対立する場合もあろうが、概して、「同病相哀れむ」式の接近をする。

旅先での旅人同士の話が理解が早いのは道理である。第一、地名や交通手段にいちいちこまかな解説を加えずとも、互いのカンが働くではないか。

私は、十数年来、方々を旅する機会に恵まれたが、そこでご同業ともいうべき旅人と語り合ったことが数多くある。なかでも、行商にたずさわる人たちとのつき合いがおもしろかった。私の旅の目的（民具調査行が多かった）からすれば横道にそれることにもなったが、許される状況にあれば、行商にも同行した。

そうした紀行の一部は、折々に「あるく・みる・きく」に載せている。「あるく・みる・きく」は、私が所属する日本観光文化研究所で、仲間うちで執筆、編集している月刊誌で、ナンバーはすでに二一〇号を越えている。

その拙文に、編集者の三村泰一さんが注目して下さった。しかし、行商の社会への接触は、旅先でのゆきがかりでのことで、系統だって観察したわけではない。一冊の本にまとめるには、準備が不十分であった。

そこで、少し時間をもらうことにした。その間、約八か月、私は、テキヤ集団のなかの茶碗売り行商（茶碗屋）にねらいをしぼって、可能な限りテキヤ衆に会って話を聞き、高市《たかまち》の露店をのぞいてきた。そのあたりの足どりは、本文中にも少しずつ触れている。

利兵衛といういまは亡き一人のテキヤを中心に本書を書き始めたのであるが、その周辺の人々の協力は、私の期待以上に好意的であった。特に、利兵衛をよく知る長瀬忠雄（本家熊屋駄知分家六代目）、小木曽三郎、小栗義高、永井清義、松本正一（本家熊屋一九代目）らの諸氏や奥方衆にはお世話になった。小雪の降る駄知《だち》（土岐市）の町で、春の彼岸の高市で、そして、アスファルトが照り返る灼熱の盆の高市で、彼らは多忙な時間をさいて何度も話相手をつとめてくれた。

そうした彼らの情熱は、もちろん、彼ら個人の名誉心や下心があってのことではなかった。テキヤという職業を愛するがゆえの協力であった、と私は理解している。記して、感謝の意を表わしたい。

そういう意味では、私の筆にかかる責任は重かった。

いま、筆を措いてみて、三村氏をはじめ私の筆を支えてくれた上記の人たちが良しとするものができたかどうか、いささか不安を感じている。

ご批判もあろうかと思う。私自身、これで高市歩きやテキヤ衆とのつき合いを絶つことなく、さらに知識を深めて別の角度から、「旅と商い（旅と人生）」について考えてみたい、と思っている。

そのために、私自身が何らかのかたちで旅に生きたい、と願っている。無名の旅人たちの、真摯にして波瀾に富んだ足跡が書き残せたら、どんなにうれしいことか。
どうぞ、ご高評いただきたい。

昭和五九年盛夏

神崎宣武

続仕舞口上

時代《とき》は、四〇年も過ぎたことになる。

すでに「仕舞《しまい》口上」を書いているのに、続編を加えたくなった。

本書が刷り上がった（昭和五九年一一月）次の日、私は駄知《だち》（岐阜県）に向かった。民俗調査というのは当方の勝手な名目にすぎないが、それにしても多くの人が好意的に協力してくれた。とくに、露店商としては東濃一帯に名をはせていた本家熊屋駄知分家の長瀬忠雄氏（昭和元年生）と小木曽三郎氏（大正八年生）には世話になった。堀江利兵衛翁が亡くなったところでは、出版の報告を真っ先に届けたい恩人であった。

長瀬さんに連絡をした。何度か連れていってもらったことのある小料理屋を指定された。その日は、いつものカウンターでなく二階の座敷が用意されていた。

そこに、長瀬さんと小木曽さん、それに名古屋熊屋で六代目の長谷川正造さん（昭和二年生）と長瀬さんの組の若い衆二人が待っていた。すでに、膳が用意してある。私を上座に、長瀬さんを中心に小木曽さんが左座（下座から上座に向かってみての左側）に、長谷川さんが右座に、若い衆が下座に。若い衆のひとりが、私を上座に案内した。

私は、座布団を外して座ったところで、本を出して御礼の挨拶をしようとした。そのとき、長瀬さんが手を挙げて制した。そして、にじり寄って、私の正面間近に正座した。小木曽さんも長谷川さんもそれに倣って、両脇に座した。そして、両手をついて深々とおじぎをした。何がはじまるのだろう、と考える間もなかった。

「この度は、『わんちゃ利兵衛の旅』のご出版、おめでとうございました。私どもの話を丁寧に聞いていただき、ありがとうございました。本日は、ほんにささやかな席を設けましたので、ごゆっくりおくつろぎください」

長瀬さんの挨拶である。長瀬さんの世馴れた挨拶である。しかし、かくもあらたまっての挨拶には恐縮せざるをえない。

私が言葉を返そうとしたとき、長瀬さんがまた手を挙げて制した。

「はじめに、お詫びをしなくてはなりません。何としても、お許しをいただかなくてはなりません。申しわけありませんでした」

そういって深々と頭を下げたのである。小木曽さんも長谷川さんも、それに倣う。

私には、何のことかまったくわからない。長瀬さんが、言葉を続ける。

「じつは、堀江（利兵衛）さんの最期について、お話ししていないのです。これだけは申しあげることができないと、皆、口を閉ざしたのです。私たちの恥も恥のことですけ。こうして本ができた後に申しあげるのは失礼でもありますが、やはりあなただけには知ってもらおう、と話し合ったことです。

堀江さんの葬式が出せなんだのです。私たちの本家熊屋駄知分家で葬式が出せなんだのです。

もちろん、家族での葬儀はありました。が、一家（熊屋駄知分家）での葬儀は、はなから断られたんです。それればかりか、家族葬への私たちの参列も断られたんです。これは、残念なことで、というよりも私たち一家の恥になります。一家の長老の葬儀を出さなかったことは、この渡世のしきたりから外れたことですけ。私たちは、大恥をこうむったんです。どう見られようが、どう問われようが、とても弁解できることではありませんでした。

あなたにも、この恥ずかしい一件は申しあげなかった。そういう理由があったことはわかっていただけると思いますが、そうした隠し立てをしたんです。申しわけありませんでした」

なるほど、そうだったのか。とはわかったものの、答えようもない。「いやいや、ご丁寧なご挨拶、いたみいります。お気遣いをありがとうございました」というしかなかった。

長瀬さんも、私の言葉を受けると、「さあ、はじめましょう」といって立ち、自分の席に戻っていった。小木曽さんも長谷川さんも自分の席に戻っていった。若い衆が、燗徳利をもって酒を注ぎにきた。

それから以降の酒席については、ここでは触れない。楽しい酒席であり、皆が痛飲した。しかし、堀江利兵衛翁の葬儀について、誰もがそれに触れることはなかった。

私は、しかと理解した。重ねての質問は、不要であった。それまで曖昧だったことも、長瀬さんの言葉からたどることでよくわかった。ただ、本書の執筆にあたって、そこまで考えが及ばなかった未熟さを痛感した。

それは、移動を生業《なりわい》とする人たちの絆《きずな》の証し、としてもよい。本書でも、堀江利兵衛翁から聞き取った旅まわりにおける三つの「きまり」を掲げている。その一には、バイヒン（バヒ＝売上金）をごまかすな。その二には、ダチ（仲間）を売るな、密告するな。その三には、ダチの女房をコマス（犯す）ことをするな。その三カ条は、個々に守るべき「掟《おきて》」である。鉄則といってもよい。それがあることで、家人と別れての長旅も心おきなくできたのである。

それに加えて、もうひとつの「きまり」があった。それは、個人でなく一家の「めんつ」というものであった。もちろん、定住社会でも葬連組とか葬式講中という組織がはたらいていた。葬儀の手間を隣近所からの出夫でまかなうもので、原則的に欠員は認められなかった。いわゆる村八分になっている対象でも、火事と葬儀の二分には相互の扶助が欠かせなかったのだ。それと同様のもの、といえなくもない。しかし、村落社会のそれは手間がえであり、あくまでも喪主は当家である。テキヤ社会でのそれは、主催者はテキヤ一家の長であり、それは社縁的な儀礼であった。政党葬とか法人葬にも近い「メンツはり」である。葬儀での相互扶助が必然といっても、そのところでの違いがある。とみなくてはならないだろう。

なぜに、そうしたメンツをはっての「きまり」ができたのか。おそらく、近世は江戸期からであろう。それは、幕府・諸藩の施策もあって、稲作中心の定住社会が基盤になったからに相違あるまい。いきおい、一所不在の輩《ともがら》が疎まれることになった。戻る土地と家がある、といっても長期にわたって旅商いをするテキヤ衆も同様であった。ゆえに、自分たちが非社会的な集団でないという渡世の「きまり」をつくることが必然でもあったのだろう。

歴史をふりかえってみると、中世から近世への移行は、諸事に大きな転換をともなうことであった。

そのひとつが、近世においては旅まわりの輩が異端視されるようになったことである。差別視もされるようになったことである。テキヤ行商の他にも、旅芸人・呪術者（拝み屋）・回国行者・門付《かど》け（乞食）など。それらは、中世までさかのぼってみると、何ら臆する渡世ではなかったように思える。歴史学者の網野善彦氏（代表作は『無縁・公界・楽』など）や作家の隆慶一郎氏（代表作は『吉原御免状』など）らが説くところの、「公界《くかい》の徒」であり、「道々の輩」であった。人口の何割か、と問うことはむつかしい。が、半数とはいわないが、右の二氏の著作を参考にはかると、三割前後もの民がほとんど自由に流浪していたのではあるまいか。

それが、近世江戸期になって、年貢制度・氏子制度・檀家制度などによって、四民とも定住が社是とされた。そこで、「道々の輩」は、社会に背く輩ともみられるようになったのだ。一所不定の者はともかく、住むべき家をもちながらも、何日もかけて行商や諸芸に出てゆく者たちも、異端の徒とみられるようになった。そこで、それぞれに世渡りの正当化をはかるようにもなった。ひとつは渡世の義理であり、ひとつは権力者の御墨付であった。テキヤ社会でいうと、前者が旅まわりの「三カ条」であり、後者が大岡越前守認可とする「十三香具虎之巻」であった。もっとも、後者は少々うさんくさくもあるが、木地師《きじし》渡世での惟喬《これたか》親王伝説などと同様に信仰にも等しい寄らば大樹であった。

そういう歴史的な経緯を経て、私がつきあった「わんちゃ衆」の存続もあったのだ。とくに、定住社会と同様に葬儀を大事にする。それを、社縁的に営むことを厳守しようとしたのである。

「ほんとはね、端《はた》からみるとうさんくさくもあろうが、私たちの旅は自由なんです。行きたいところに行ったらええ。学歴も財産も出世ともまったく関係のない自由な渡世なんですな。ただ、身内の義理欠けはできませんが」

と、長瀬さんがいった。

「利兵衛さんは、一匹狼だった。庭場（露店の場所）も、琵琶湖のあたりにしても多治見にしても、自分ひとりでの庭場だった。わしらと一緒に高市《たかまち》（露店市）を廻るようなことは、ほとんどなかった。覚えがないわな。それでも、一家の一員やし。時々の義理欠けをせんかぎり、この渡世は自由がきくんですよ。」

小木曽さんが、そういった。

「公界の徒」との不断の連続といったらいいすぎだろうか。私は、そのとき酒をくみかわしながら、そう思ったことであった。

次の盃は、利兵衛さんに献杯とした。

「旅は、仮の人生じゃ。そうよのう、旅は舞台、というた方がええかもしれんのう」、という利兵衛さんの言葉を思い出しながら――。

なお、現代のテキヤ行商の世界は、四〇年前のそのころとはさらに様相が違ってきているようでもある。

ひとつには、各地の行事での出店が締め出されるようになったからだ、という。それは、市中に同類の商品が多く出回るようになったことで価額が適正であるかどうか、と疑われるようになったからでもあろうか。タンカ売《ばい》も愛嬌芸としても続かなくなった。

「フーテンの寅さん」（松竹映画『男はつらいよ』シリーズ）があれほど愛されたものの、それがテキヤ衆への共感とは結びつかなかったようでもある。

そして、一部のテキヤ一家は、ヤクザ組織に吸収もされた、ともいう。テキヤ衆が見栄をはって生きのびるには、むつかしい時代になったのだ。それはそれで、経済の高度成長期後のひとつの転換現象として認めなくてはならないであろう。

そのところでも、私は、よい時代にフィールドワークを体験したことになる。

あらためて、利兵衛さんを偲ぶ。長瀬さんや小木曽さんや長谷川さんも、すでに鬼籍に入って久しい。この人たちをも、あらためて偲ぶ。そのつもりで書いたものではないが、本書をもって鎮魂をはかりたい。

「わんちゃ利兵衛の旅」の文庫本化にあたっては、筑摩書房編集部の青木真次さんのお手をわずらわせた。記して、謝意を表したい。

解説　テキヤという迷路の魅力

井上章一

国民的な映画をひとつえらべと言われた時、何があげられるか。私などは、松竹の『男はつらいよ』を、まず思いつく。フーテンの寅さんが全国各地を行商しながらめぐる、おなじみの映画である。神崎さんも、主人公の寅さんを「国民的英雄」だと、この本でのべている。

寅さんは、いわゆるテキヤのひとりである。市の露店で、ならべた品々を、あつまった人びとに売りさばく。そんな売りこみの景気づけに披露するタンカも、多くの人がおぼえていよう。「粋な姐ちゃん立小便」、「結構毛だらけ猫灰だらけ」といった口上を。

テキヤがあつかう商品は、多岐にわたる。この本がとりあげた利兵衛は、茶碗をはじめとする陶磁器の販売を得意とした。だが、露天市にでるのは食器類だけにかぎらない。衣類、薬品、古本、茶……その他さまざまな商品がある。そして、寅さんのタンカは、古本を売る人たちのそれが、ベースになっているらしい。

私はこの本を読むまで、そのことを知らなかった。多様なテキヤの知遇をえた神崎さんだからこそ、そう書けたのだろう。もっとも、神崎さんの書きぶりも、断定調をさけている。寅さんのタンカは「ヤホンのバサからなる、という」。以上のように、伝聞の形でしるしている。なお、「ヤホン」は古本の隠語である。

さて、この本がはじめて世にでたのは一九八四年であった。そして、取材におうじたテキヤたちは、口をそろえて言う。もう、今は露天市でタンカをきったりしない。そんなのは、「二〇年」も前にやめてしまった、と。

一九八四年の「二〇年」前は、一九六四年である。単純に計算をすれば、そうなる。まあ、高度成長期の一九六〇年代ごろから、タンカは聞かれなくなったということか。逆に言えば、その消滅期から『男はつらいよ』がはじまったことになる。あのシリーズは、消えゆくタンカへの鎮魂歌だったのかもしれない。

そう言えば、映画の寅さんはなんでも売っていた。古本だけをてがけていたわけではない。だが、寅さんの口上は、古本をあつかうタンカで構成されている。

この売り方は茶碗用、こちらは衣類むきといった区別が、かつてはあった。しかし、映画制作者はその違いをわきまえていない。シリーズのはじまったころから、それらはわすれられていたようである。

映画関係者をなじりたくて書いているわけではない。あの映画を見つづけた観衆だって、ほとんどだれも気づいていなかった。あれを古本売りのタンカだとわかって鑑賞した者は、皆無に近かったと思う。その意味で、テキヤのタンカは、「国民的」に忘却されていたと言ってよい。

かつて、テキヤたちは、何年もかかってタンカの口上を暗記した。先輩たちの語り口を手本としつつ、見よう見まねでおぼえている。と言っても、一字一句たがえず、そらんじようとしたわけではない。客種や季節、土地の風俗にあわせ、臨機応変に言葉づかいはかえていく。それでも、よどむことなく言いあらわせるよう、修業をかさねたのである。

そのありようは、一種の口承芸能としてとらえうる。きまりきった台本は、もとより存在しない。テキヤからテキヤへと、伝言ゲームのようにつたえられていく。ひとりのテキヤが、反復過程のなかで自分の表現をかえることもある。口上は生き物なのだと言うしかない。

民俗の記録として、あるテキヤがたまたま口にしたタンカを書きとめることは、ありうる。しかし、それは無数の可能性を秘めたタンカ群の、一断片でしかない。もちろん、神崎さんもその限界は知りぬいている。「元来、文字に頼らないで伝えてきた言葉の世界を、文字をもって再現するということは、思った以上にむずかしい」。そう指摘してもいる。

そこは承知のうえで、でも神崎さんはタンカの記録を書きとった。三人のテキヤにあつまってもらい、タンカの再演をたのみこむ。「文字をもって再現」するためである。

もう、二十年もやっていないから、自信がない。往年のテキヤたちは、はじめのうちためらった。「ああでもないこうでもない」ととまどっている。しかし、けっきょくは、かつての芸を披露した。三人のうちひとりは、酒の力もかりながら。

こういう記録のとり方では、タンカのなんたるかにはせまりきれない。そう身にしみてわかっているはずの神崎さんが、この手法に依存する。この決断に、私はタンカやテキヤの世界がむかえた落日を思い知る。もう、この手しかないのだ、と。

神崎さんは、若いころに焼き物の技術と流通をさぐった人である。そちら方面の著作もある。陶磁器の行商をする利兵衛のところも、そのために取材へおもむいた。美濃焼の貧乏徳利が、どのような販路をもっていたのかを、知ろうとして。

しかし、であってすぐに、当初の目論見をあらためる。利兵衛が気ままに語る回想、テキヤの半生談とむきあうことにした。この本は、その成果である。こうした対処の柔軟ぶりには、喝采をおくりたい。

今の若い研究者たちは、脇道へまようことをさけがちである。当初にたてた目標を、可能なかぎり短い期間で達成しようと、あせりやすい。魅力的な迷路へふみこむことを、いましめる傾向がある。だが、神崎さんは、あえてそれをたのしもうとする。少々時間はかかっても、そこにゆたかな世界を知るチャンスがあると思えるからだろう。

『わんちゃ利兵衛の旅』が文庫化され、若い読者もテキヤ世界を再認識しようか。それは、すばらしいことである。だが、私は神崎さんのかろやかな振舞いも、たんのうしてほしいとねがっている。

（いのうえ・しょういち　国際日本文化研究センター所長）

本書は河出書房新社より一九八四年十一月に刊行されました。
登場する方々の肩書や縁日の情報などは当時のものです。

日本の村・海をひらいた人々 宮本常一

民俗学者宮本常一が、日本の山村と海、それぞれに暮らす人々の、生活の知恵と工夫をまとめた貴重な記録。フィールドワークの原点。（松山巖）

広島第二県女二年西組 関千枝子

8月6日、級友たちは勤労動員先で被爆した。突然に逝った39名それぞれの足跡をたどり、彼女らの生を鮮やかに切り取った鎮魂の書。（山中恒）

誘拐 本田靖春

戦後最大の誘拐事件。残された被害者家族の絶望、犯人を生んだ貧困、刑事達の執念を描くノンフィクションの金字塔！（佐野眞一）

責任 ラバウルの将軍今村均 角田房子

ラバウルの軍司令官・今村均。軍部内の複雑な関係、戦地、そして戦犯としての服役。戦争の時代を生きた人間の苦悩を描き出す。（保阪正康）

田中清玄自伝 田中清玄 大須賀瑞夫

戦前は武装共産党の指導者、戦後は国際石油戦争に関わるなど、激動の昭和を侍の末裔として多彩な人脈を操りながら駆け抜けた男の「夢と真実」。

戦場体験者 保阪正康

終戦から70年が過ぎ、戦地を体験した人々が少なくなる中、戦場の記録と記憶をどう受け継ぎ歴史に刻んでゆくのか。力作ノンフィクション。（清水潔）

東京の戦争 吉村昭

東京初空襲の米軍機に遭遇した話、寄席に通った話。少年の目に映った戦時下・戦後の庶民生活を活き活きと描く珠玉の回想記。（小林信彦）

私たちはどこから来て、どこへ行くのか 森達也

自称「圧倒的文系」の著者が、第一線の科学者に「いのち」の根源を尋ねて回る。科学者たちの真摯な応答に息を呑む、傑作科学ノンフィクション。

富岡日記 和田英

ついに世界遺産登録。明治政府の威信を懸けた官営模範器械製糸場たる富岡製糸場。その工女となった「武士の娘」の貴重な記録。（斎藤美奈子／今井幹夫）

ブルースだってただの唄 藤本和子

アメリカで黒人女性はどのように差別と闘い、生きてきたか。名翻訳者が女性達のもとへ出かけ、耳をすまして聞く。新たに一篇を増補。（斎藤真理子）

アフガニスタンの診療所から　中村哲

戦争、宗教対立、難民。アフガニスタン、パキスタンでハンセン病治療、農村医療に力を尽くす医師と支援団体の活動。（阿部謹也）

アイヌの世界に生きる　茅辺かのう

アイヌの養母に育てられた開拓農民の子が大切に覚えてきた、言葉、暮らし。明治末から昭和の時代をアイヌの人々と生き抜いてきた軌跡。（本田優子）

本土の人間は知らないが、沖縄の人はみんな知っていること　矢部宏治

普天間、辺野古、嘉手納など沖縄の全米軍基地を探訪し、この島に隠された謎に迫る痛快無比なデビュー作。カラー写真と地図満載。（白井聡）

女と刀　中村きい子

明治時代の鹿児島で士族の家に生まれ、男尊女卑や家の厳しい規律など逆境の中で、独立して生き抜いた一人の女性の物語。（鶴見俊輔・斎藤真理子）

新編　おんなの戦後史　もろさわようこ　河原千春編

フェミニズムの必読書！　女性史先駆者の代表作。古代から現代までの女性の地位の変遷を、底辺の視点から描く。（斎藤真理子）

被差別部落の伝承と生活　柴田道子

半世紀前に五十余の被差別部落、百人を超える人々から行った聞き書き集。暮らしや民俗、差別との闘い。語りに込められた人々の思いとは。（横田雄一）

証言集　関東大震災の直後　朝鮮人と日本人　西崎雅夫編

大震災の直後に多発した朝鮮人への暴行・殺害。芥川龍之介、竹久夢二、折口信夫ら文化人、子供や市井の人々が残した貴重な記録を集大成する。

遺言　石牟礼道子　志村ふくみ

未曾有の大災害の後、言葉を交わしあうことを強く望んだ作家と染織家。新しいよみがえりを祈って紡いだ次世代へのメッセージ。（志村洋子／志村昌司）

独居老人スタイル　都築響一

〈高齢者の一人暮し＝惨めな晩年？〉いわれなき偏見をぶっ壊す16人の大先輩たちのマイクロ・ニルヴァーナ。話題のノンフィクション待望の文庫化。

へろへろ　鹿子裕文

最期まで自分らしく生きる。そんな場がないのなら、自分たちで作ろう。知恵と笑顔で困難を乗り越え、新しい老人介護施設を作った人々の話。（田尻久子）

現代語訳 文明論之概略
福澤諭吉
齋藤孝 訳

「文明」の本質と時代の課題を、鋭い知性で捉え、巧みな文体で説く。福澤諭吉の最高傑作にして近代日本を代表する重要著作が現代語でよみがえる。

それからの海舟
半藤一利

江戸城明け渡しの大仕事以後も旧幕臣の生活を支え、徳川家の名誉回復を果たすため新旧相撃つ明治を生き抜いた勝海舟の後半生。（阿川弘之）

戦う石橋湛山
半藤一利

日本が戦争へと傾斜していく昭和前期に、ひとり敢然と軍部を批判し続けたジャーナリスト石橋湛山。壮烈な言論戦を大新聞との対比で描いた傑作。

もうひとつの天皇家 伏見宮
浅見雅男

戦後に皇籍を離脱した11の宮家——その全ての源流となった「伏見宮家」とは一体どのような存在だったのか？ 天皇・皇室研究には必携の一冊。

幕末維新のこと
司馬遼太郎
関川夏央 編

「幕末」について司馬さんが考えて、書いて、語ったことの真髄を一冊に。小説以外の文章・対談・講演から、激動の時代をとらえた19篇を収録。

東條英機と天皇の時代
保阪正康

日本の現代史上、避けて通ることのできない存在である東條英機。軍人から戦争指導者へ、そして極東裁判に至る生涯を通して、昭和期日本の実像に迫る。

水木しげるのラバウル戦記
水木しげる

太平洋戦争の激戦地ラバウル。その戦闘に一兵卒として送り込まれ、九死に一生をえた作者が、体験が鮮明な時期に描いた絵物語風の戦記。

明治・大正・昭和 不良少女伝
平山亜佐子

すれっからしのバッド・ガールたちが、魔都・東京を跋扈する様子を生き生きと描く。自由を追い求めた近代少女の真実に迫った快列伝。（井上章一）

鬼の研究
馬場あき子

かつて都大路に出没した鬼たち、彼らはほろんでしまったのだろうか。日本の歴史の暗部に生滅した〈鬼〉の情念を独自の視点で捉える。（谷川健一）

武士の娘
杉本鉞子
大岩美代 訳

明治維新期に越後の家に生まれ、厳格なしつけと礼儀作法を身につけた少女が開化期の息吹にふれて渡米、近代的女性となるまでの傑作自伝。

自分のなかに歴史をよむ　阿部謹也

キリスト教に彩られたヨーロッパ中世社会の研究で知られる著者が、その学問的来歴をたどり直すことを通して描く〈歴史学入門〉。（山内進）

世界史の誕生　岡田英弘

世界史はモンゴル帝国と共に始まった。東洋史と西洋史の垣根を超えた世界史を可能にした、中央ユーラシアの草原の民の活動。

サンカの民と被差別の世界　五木寛之

歴史の基層に埋もれた、忘れられた日本を掘り起こす。漂泊に生きた海の民・山の民。身分制で賤民とされた人々。彼らが現在に問いかけるものとは。

張形と江戸女　田中優子

江戸時代、張形は女たち自身が選び、楽しむものだった。江戸の大らかな性を春画から読み解く。図版追加。カラー口絵4頁。（白倉敬彦）

隣のアボリジニ　上橋菜穂子

大自然の中で生きるイメージとは裏腹に、町で暮らすアボリジニもたくさんいる。そんな「隣人」アボリジニの素顔をいきいきと描く。（池上彰）

奴隷のしつけ方　マルクス・シドニウス・ファルクス　ジェリー・トナー解説　橘明美訳

奴隷の買い方から反乱を抑える方法まで、古代ローマ貴族が現代人に向けて平易に解説。奴隷なくして回らない古代ローマの姿が見えてくる。（栗原康）

江戸衣装図絵　奥方と町娘たち　菊地ひと美

江戸二六〇年の間、変わり続けた女たちのファッション。着物の模様、帯の結び、髪形、装身具など、その流行の変遷をカラーイラストで紹介する。

江戸衣装図絵　武士と町人　菊地ひと美

江戸の男たちの衣装は仕事着として発達した。やがて、遊び心や洒落心から様々なスタイルが生まれた。そのすべてをカラーイラストで紹介する。

幕末単身赴任　下級武士の食日記　増補版　青木直己

きな臭い世情なんてなんのその、単身赴任でやってきた勤番侍が幕末江戸の〈食〉を大満喫！　残された日記から当時の江戸のグルメと観光を紙上再現。

その後の慶喜　家近良樹

幕府瓦解から大正まで、若くして歴史の表舞台から姿を消した最後の将軍の〝長い余生〟を近しい人間の記録を元に明らかにする。（門井慶喜）

品切れの際はご容赦ください

禅　鈴木大拙　工藤澄子訳
禅とは何か。また禅の現代的意義とは？　世界的な関心の中で見なおされる禅について、その真諦を解き明かす。（秋月龍珉）

タオ——老子　加島祥造
さりげない詩句で語られる宇宙の神秘と人間の生きるべき大道とは？　時空を超えて新たに甦る『老子道徳経』全81章の全訳創造詩。待望の文庫版！

荘子と遊ぶ　玄侑宗久
『荘子』はすこぶる面白い。読んでいると「常識」という桎梏から解放される。魅力的な言語世界を味わいながら、現代的な解釈を試みる。（ドリアン助川）

つぎはぎ仏教入門　呉智英
知ってるようで知らない仏教の、その歴史から思想的な核心までを、この上なく明快に説く。現代人のための最良の入門書。二篇の補論を新たに収録！

現代人の論語　呉智英
革命軍に参加!?　王妃と不倫!?　孔子とはいったい何者なのか？　論語を読み抜くことで浮かび上がる孔子の実像。現代人のための論語入門・決定版！

日本異界絵巻　小松和彦／宮田登／鎌田東二／南伸坊
役小角、安倍晴明、酒呑童子、後醍醐天皇ら、妖怪変化、異界人たちの列伝。魑魅魍魎が跳梁跋扈する闇の世界へようこそ。挿画、異界用語集付き。

仏教百話　増谷文雄
仏教の根本精神を究めるには、ブッダに帰らねばならない。ブッダ生涯の言行を一話完結形式で、わかりやすく説いた入門書。

武道的思考　内田樹
「いのちがけ」の事態を想定し、心身の感知能力を高める技法である武道には叡智が満ちている！　気持ちがシャキッとなる達見の武道論。（安田登）

仁義なきキリスト教史　架神恭介
イエスの活動、パウロの伝道から、叙任権闘争、十字軍、宗教改革まで——。キリスト教二千年の歴史が果てなきやくざ抗争史として蘇る！（石川明人）

よいこの君主論　架神恭介　辰巳一世
戦略論の古典的名著、マキャベリの『君主論』が、小学校のクラス制覇を題材に楽しく学べます。学校、職場、国家の覇権争いに最適のマニュアル。

生き延びるためのラカン　斎藤環

幻想と現実が接近しているこの世界で、できるだけリアルに生き延びるためのラカン解説書にして精神分析入門書。カバー絵・荒木飛呂彦　（中島義道）

人生を〈半分〉降りる　中島義道

哲学的に生きるには〈半隠遁〉というスタイルを貫くしかない。「清貧」とは異なるその意味と方法を、自身の体験を素材に解き明かす。　（中野翠）

私の幸福論　福田恆存

この世は不平等だ。何と言おうと！　しかしあなたは幸福にならなければ……。平易な言葉で生きることの意味を説く刺激的な書。　（中野翠）

ちぐはぐな身体《からだ》　鷲田清一

ファッションは、だらしなく着くずすことから始まる。中高生の制服の着崩し、コムデギャルソン、刺青等から身体論を語る。　（永江朗）

エーゲ 永遠回帰の海　立花隆

ギリシャ・ローマ文明の核心部を旅し、人類の思考の普遍性に立って、西欧文明がおこなった精神の活動を再構築する思索旅行記。カラー写真満載。

独学のすすめ　加藤秀俊

教育の混迷と意欲の喪失には出口が見えないが、IT技術は「独学」の可能性を広げている。「やる気」という視点から教育の原点に迫る。　（竹内洋）

レトリックと詭弁　香西秀信

「沈黙を強いる問い」「論点のすり替え」など、議論に仕掛けられた巧妙な罠に陥ることなく、詐術に打ち勝つ方法を伝授する。

希望格差社会　山田昌弘

職業・家庭・教育の全てが二極化し、「努力は報われない」と感じた人々から希望が消えるリスク社会日本。「格差社会」論はここから始まった！

ことばが劈《ひら》かれるとき　竹内敏晴

ことばとこえとからだと、それは自分と世界との境界線だ。幼時に耳を病んだ著者が、いかにことばを回復し、自分をとり戻したか。

現人神の創作者たち（上・下）　山本七平

日本を破滅の戦争に引きずり込んだ呪縛の正体とは何か。幕府の正統性を証明しようとして、逆に「尊皇思想」が成立する過程を描く。　（山本良樹）

ちくま文庫

わんちゃ利《り》兵《へ》衛《え》の旅《たび》　テキヤ行《ぎょう》商《しょう》の世《せ》界《かい》

二〇二三年八月十日　第一刷発行

著　者　神崎宣武（かんざき・のりたけ）
発行者　喜入冬子
発行所　株式会社　筑摩書房
東京都台東区蔵前二―五―三　〒一一一―八七五五
電話番号　〇三―五六八七―二六〇一（代表）
装幀者　安野光雅
印刷所　株式会社精興社
製本所　株式会社積信堂

ISBN978-4-480-43891-1　C0195